禪與老莊

◆

吳 怡 著

三民書局

國家圖書館出版品預行編目資料

禪與老莊／吳怡著.——四版二刷.——臺北市: 三民,
2021
　面；　　公分.——（品味經典/美）

　ISBN 978-957-14-6435-0　（平裝）
　1. 禪宗

226.6　　　　　　　　　　　　　　107008253

禪與老莊

| 作　　　者 | 吳　怡 |
| 封面繪圖 | 蔡采穎 |

發 行 人	劉振強
出 版 者	三民書局股份有限公司
地　　　址	臺北市復興北路 386 號 (復北門市) 臺北市重慶南路一段 61 號 (重南門市)
電　　　話	(02)25006600
網　　　址	三民網路書店 https://www.sanmin.com.tw

出版日期	初版一刷 1970 年 4 月 三版二刷 2018 年 1 月 四版一刷 2018 年 6 月 四版二刷 2021 年 10 月
書籍編號	S120280
I S B N	978-957-14-6435-0

三民書局

緣　起

經典，是經久不衰的典範之作——無畏時光漫長的淘選，始終如新，每每帶給讀者不一樣的閱讀感受。閱讀經典，可以使心靈更富足，了解過往歷史，並加深思考，從中獲取知識與能量；可以追尋自我，反覆探問，發現自己最真實的樣貌。經典之作不是孤高冷絕，它始終最為貼近人心、溫暖動人。

隨著時代更替，在歷經諸多塵世紛擾、心境跌宕後，是時候回歸經典，找尋原初的本心了。本局秉持好書共讀、經典再現的理念，精選了牟宗三、吳怡深度哲思探討的著作；薩孟武與傳統經典對話的深刻體悟作品；白萩創造文學新風貌的詩作，以及林海音、琦君溫暖美好的懷舊文章；逯耀東、許倬雲、林富士關注社會、追問過去的研讀。以全新風貌問世，作為品味經典之作的領航，讓讀者重新閱讀這些美好。期望透過對過往文化的檢視，從中追尋歷史的真實，觸及理想的淳善，最終圓融生活的感性完美。

這些作品，每一本都是值得珍藏的瑰寶——它們記錄著那個時代臺灣文化發展的軌跡，以及社會變遷的遞嬗；以文字凝結了歲月時光，留住了真淳美好。

「品味經典」邀請您一起 品 味 經 典。

也算是序

　　本書第四次改版，編者索序，我在第三次改版序言中，已寫明不能再「多言」，但為了酬謝編者的索序，謹以兩首小詩代序。

　　〈讀存在主義有感〉

　　從上帝手中奪回了自由
　　我贏得了自己的存在
　　但伴隨的
　　　　卻是揮不去的孤獨
　　像叔本華的鐘擺
　　　　永遠在寂寞與無聊間搖動
　　啊！那可厭的死神
　　　　又在向我頻頻的招手

〈讀莊有感〉

一飛沖天
擺脫了十里紅塵
別笑我大而無當
我又回到人間逍遙
人籟、地籟、天籟
自化、物化、神化
原本是一氣之變
愛啊！恨啊！情啊！仇啊！
是乎？非乎？成乎？敗乎？
都終歸春夢一場

　　這兩首詩有一個故事。上學期在老莊課中，有學生提出存在主義心理學家 Irvin Yalom 的四個存在主義的問題：自由意志、終極孤獨、生命無意義、死的必然性。因為感到莊子思想完全解決了這四大問題，存在主義和莊子思想比較，猶同小兒科。為了凸顯莊子思想的超脫，所以寫了這兩首詩給學生。現在藉此轉獻給本書讀者。

吳怡　謹識於加州整體學研究院

二〇一八年三月十三日

再版序

　　欣聞拙著《禪與老莊》一書再版了。離第一版 (1970) 已有四十五年之久。據說第一版已印刷了無數次，在我的著作中，可說是非常暢銷的一本。編者問我再版時，是否增訂或修改，我覺得雖然以現在的觀點和以前相比，會有許多出入，但年輕時的作品，有它的衝勁與活力，不如還它一個原貌。至於寫一篇再版序，我也覺得無話可說，因為禪與老子均不在多言，如果一再寫序，更犯了老子「多言數窮」之忌。不過我要借此順便一提的，是在七年前，我已把該書譯成英文，也頗受西方讀者歡迎，在此我要向讀者們表示感謝，謝謝他們對該書的偏愛。

吳怡謹上

自　序

　　當筆者寫完《禪與老莊》一書後，才發現自己不是禪和老莊的忠實信徒，因為筆者已犯了禪道兩家的大忌——談得太多了。

　　然而促成本書的問世，卻有不能自己的動機，不得不談；所以筆者寧願吃禪師的棒喝，被老莊譏為「言者不知」，卻在畫「龍」類「蛇」之後，又補上了這篇「添腳」的自序。

　　禪，本是中國的土產，可是今天它在西方的吃香，卻遠勝過中國。日本鈴木大拙在美國傳禪，曾被譽為東方的聖人，由這點可以看出美國人士對禪學的醉心。因此有許多學者認為西方人士已了解東方文化的偉大。當然這只是樂觀一面的看法。而在樂觀的背後，卻有無限的深憂，因為西方人士所接觸的禪，多半來自於日本，而日本從中國所輸入的禪，已是中國禪的末流。今天日本學者在美國傳禪，為了適應西方人士的心理，又都把日本禪再加以西化。我們不能說日本學者對於禪學沒有貢獻，例如他們把禪道普遍化，影響到生活

各方面，像插花、茶道、禪畫、箭術、武士道等，但這些只是禪的意境的運用，比起慧能禪那種雄厚的純樸境界來，顯然已經走了樣，變了色。

尤其西方人士今天之所以瘋狂地愛上了禪，乃是由於他們對自己宗教的失望，對機械文明的厭倦，而形成的一種不滿社會，不滿文化的偏差心理。固然高明之士，能借禪的提昇力量，超拔時流，以謀新的發展，例如默燈 (Merton) 著有《禪思的種子》，高漢 (Graham) 著有《禪的天主教義》，都是用禪去淨化他們的思想。但這種傑出的人才畢竟有限。多的是淺見之輩，徒拾牙慧，拳打腳踢，走入了狂禪，等而下之的，更以髒為淨，以亂為高，變相為嬉皮之流。雖然嬉皮的形成，原因很多，但美國有許多學禪者的類似嬉皮，卻早已為有識人士所不齒。

事實上，中國的禪宗是和儒道兩家有著不可分的關係，正像花、葉、根莖是三位一體的，不可能把花單獨剪下來，而求芳香永固。日本從中國接枝過去的禪學已有偏枯的現象，但幸好日本人對我國的儒道兩家並不陌生，所以還能異地開花。可是今天的美國對於儒道兩家毫無根基，因此這株禪的花朵在他們手中也只是作一二日的賞玩而已，又豈能接枝開花，淨化他們的園地。

也許有人會反駁說：老莊思想到魏晉時期，曾變為空虛的清談，當代名士那種藐視禮教，縱情聲色的作風，與今日嬉皮的頹廢又有何不同？禪學思想到了宋代末年，也只是在話頭上弄巧，方法上鬥奇，而不講究心性上的實證工夫。那種只會「麻三斤」，「乾屎橛」的狂禪，與今日嬉皮的令人噁

心又有何差別？當然我們不否認魏晉的名士，宋末的狂禪，
在中國道統上都是一些老嬉皮（諒也不至於像今日小嬉皮那
樣面目可憎），但由於我國歷史悠久，文化蘊積雄厚，即使有
這些小疵，也不足以構成大患，這是我們祖宗積德所致；同
時由於我們已病過：「病病，是以不病」（老子語），因此我們
也有免疫之能。可是今天西方社會上的嬉皮之患，卻並不如
此樂觀。尤其是美國，歷史短，經驗淺，祖宗積德薄，又未
曾患過大病，只要一個流行性感冒，已把他們鬧得天翻地覆，
何況這個山雨欲來的文化大劫？這也正是有識人士所引以為
深憂的。

　　筆者才疏學淺，不敢對此問題妄下斷語。至於本書之作，
一方面固然希望從老莊的影響禪宗，以說明禪學有中國文化
的深厚淵源；一方面卻希望在禪和老莊思想淨化了西方人心
之後，再輸入儒家思想，為他們失落的下一代，紮個根。當
然這一理想不是筆者的才力所能企及，但如果這冊小書有拋
磚引玉之功，則筆者即使因多言而吃棒喝，也能甘之如飴的
了。

　　最後，還必須一提的是：本書原為筆者在研究所中的一
篇論文。早在七年前，南師懷瑾教授曾於文化研究所講授禪
道。後四年，吳師德生（經熊）博士回國講學，於中華學術
院也授禪學一科，筆者都親蒙教誨。因此本書之作，得兩位
老師的指導和鼓勵甚鉅，現在也謹以此書，獻上一點筆者對
他們的最高敬意。

作者謹識

第一章　禪學史上的一大疑案

世尊在靈山會上，拈花示眾。是時，眾皆默然，唯迦
葉尊者，破顏微笑。世尊曰：「吾有正法眼藏（註：即
佛法精華），涅槃妙心（註：即真如本體），實相無相，
微妙法門，不立文字，教外別傳，付囑摩訶迦葉」。
（《指月錄》卷一）

這個故事，以禪學的眼光來看，是一段絕妙的公案。當
時，釋迦牟尼的說法，不僅風趣，而且寓有深意。所以在場
的僧眾，都面面相覷，不知釋迦到底說的什麼法？談的什麼
理？只有摩訶迦葉會心的一笑，贏得了釋迦的付託，於是這
個微妙的說法，便一變而為嚴肅的傳法。接著：

世尊至多子塔前，命摩訶迦葉分座令坐，以僧伽黎圍
之，遂告曰：「吾以正法眼藏密付於汝，汝當護持。」
並敕阿難副貳傳化，無令斷絕。而說偈曰：「法本法無

法，無法法亦法，今付無法時，法法何曾法。」（註：此即後代禪宗的傳偈，本偈只是說明法的本體是無法相的，禪宗所傳的即是這個無法的法）爾時，世尊說此偈已，復告迦葉：「吾將金縷僧伽黎衣傳付於汝，轉授補處（註：此即後代禪宗的傳衣鉢），至慈氏佛出世，勿令朽壞。」迦葉聞偈，頭面禮足曰：「善哉！善哉！我當依敕恭順佛故」。

　　這就是相傳釋迦授法給禪宗初祖摩訶迦葉的故事，從初祖開始，傳給阿難是二祖，傳到馬鳴是十二祖，龍樹是十四祖，直到菩提達磨是二十八祖。這是印度禪的傳法系統。自達磨到中國後，他便成為中國禪宗的初祖，再傳給慧可、僧璨、道信、弘忍，直到慧能，便展開了中國禪宗的法統。

　　然而，由輕鬆微妙的說法，一變為嚴肅的傳法後，這個在禪學上本是絕妙的公案，到了禪學史上，卻成為一段最神祕的大疑案。因為歷史學家也許不太注意幽默的一面，他們感覺奇怪的是：這個印度佛祖說法的故事，和二十八祖相承的事跡，在中國佛家所寫的傳記中，說得那麼娓娓動聽，系統分明。可是在印度翻譯過來的佛典中，卻都沒有明確的記載，這是什麼原因？

　　為了探索這個原因，於是有的人便大膽的假設：認為釋迦的拈花說法，和二十八祖的相承，在印度也許本無其事，而是中國的和尚為了高推聖境，使在中國誕生的禪宗，拉上了印度佛法的關係，所編造出來的一套故事。

　　關於這種假設，由於印度文獻本身沒有明確的記載，所

以缺乏正面的根據，我們只得存而不論。不過對於這段傳法的故事，有許多地方卻是值得我們推敲的，例如：

1.本來在宗教上，傳承法統是件大事，更何況釋迦所傳的乃是佛教中最上乘的「正法眼藏，涅槃妙心」，可是印度的佛家們對於這事非但沒有渲染，而且都沒有記載。傳說《梵王問佛經》中曾有這段故事。如《佛祖歷代通載》中曾說：

> 拈花之事，荊國王公對佛惠禪師泉萬卷言，親見於《梵王問佛經》中具載，但此經多言國家帝王之事，藏之祕府，世故無聞。（第四卷〈周穆王辛未年事〉之註）

但這只是傳聞，而無實際的證據，不能當作史實。至於《涅槃經》中雖然也記載說：

> 爾時，佛告諸比邱，汝等不應作如是語，我今所有無上正法，悉以付囑摩訶迦葉。（《大涅槃經》卷二〈哀歎品〉）

不過這裡只記載付囑正法的事，並沒有拈花示眾的禪趣，也沒有二十八祖傳法的故事。這使我們不得不懷疑，一個在本國已經事跡隱晦，查無實據，而在幾百年後，幾千里外的異邦，卻大為渲染的故事，究竟有多少可靠性？

2.依據印度二十八祖的傳法故事，都是一脈單傳的，而且都是在退位或臨死前，召見託法的弟子，授以正法，並傳偈子一首，如：

> （摩訶迦葉）乃召阿難言：我今不久世間，今將正法
> 付囑於汝，汝善守護，聽吾偈：法法本來法，無法無
> 非法，何於一法中，有法有不法。（註：本偈也只是說
> 明法的本體是沒有法和非法之分的）《指月錄》卷三）

此後，印度的祖師，甚至直到中國的五祖弘忍，他們的傳法，都是這套公式的翻版。在這裡，使我們感覺疑惑的是：釋迦傳法給迦葉時，是否故意規定好這個公式，代代相傳，否則為什麼如此的整齊劃一。而且這種單傳直承，在形式上，類似祕密教，好像是在向學生傳祕訣，這是否與釋迦弘教的旨趣有點不符。

3.在釋迦弘教的當時，一面有傳統印度教的壓力，及各種外道的競爭，一面佛教本身的理論尚未臻於完善，內部的組織還須積極鞏固，所以這時，一切在弘法，一切在建教，似乎沒有教外別傳的必要。因為在釋迦四十餘年的弘法中，要衝破固有的傳統，建立新的思潮，實在並非易事，而且在草創之時，最主要的是求教內本身的統一，豈能再教外別傳，製造分歧。如果說「教外別傳」，乃是指釋迦說法的對象不同：與一般僧徒，公開說教內的法；遇到根機敏銳的弟子，則個別傳以心法。這樣迦葉便是釋迦法統的繼承人，為佛教的二祖，這也是教內承傳，而非教外別傳了。

4.雖然這二十八祖被連成了印度禪的系統，但事實上，印度禪並未離教而獨立。這二十八祖都是弘教的大師，像阿難是初期佛教的功臣，馬鳴是大乘思想的中堅，而龍樹更是一身兼八宗之祖（註：除禪宗外，有中觀、三論、四論、天台、

華嚴、真言、淨土)。如果我們再分析他們的生平言論、著作及影響，也都是在於教內。由這種禪教不分的色彩看來，使我們不得不懷疑他們的「別傳」，究竟是傳的什麼法。

5.如果退一步來說，假定釋迦的拈花說法，和這二十八祖的一脈單傳，都是歷史的事實；但我們還值得追究的是，他們所傳的法，是否就是中國禪宗所謂的禪道。先拿釋迦的付法來看，他說：

> 吾有正法眼藏，涅槃妙心，實相無相，微妙法門，不立文字，教外別傳，付囑摩訶迦葉。(《指月錄》卷一)

這段話中，前面四句並沒有特殊的禪味，因為教內各宗也都自認正法，自有眼藏，也都追求這個實相無相的妙心。至於後面兩句，雖然是中國禪宗所標榜的，但那只是一種口號，並非就是禪道。至於真正具有禪味的，倒是釋迦的拈花示眾，默然不語，有點類似中國禪宗的公案，可惜在印度的佛典中又沒有記載。而這二十八祖的傳法，似乎也都欠缺這點逸趣，只是單調的把衣缽傳給徒弟而已。我們在這種單調的傳法系統裡，實在不能不懷疑，他們所傳的是否即中國禪宗所謂的禪道。因為中國禪師對於這樣單調的傳承衣缽並沒有興趣，所以傳到了慧能手中，便傳不下去了，以後的禪師如果再問他們「祖師西來意」(註：即問佛法要義)，便要吃棒喝了。

6.印度思想與中國及西方思想比較起來，無論在內容、形式方面，都是偏近於西方。他們像西方思想一樣，有規模

龐大的宇宙觀，有名相煩瑣的認識論，有系統嚴密的邏輯學，有極端強烈的宗教情愫。而主要不同的是，他們把這一切都包括在宗教裡，而他們的宗教又都建築在苦觀上。所以我們分析印度思想，大概可以歸納為兩點：一是他們喜歡說理，這個理固然極為深奧，可是他們說的技巧並不太高明，往往為了幾句話可以表達的問題，卻說上幾十萬言；二是他們個性內向，常常戴著悲哀的眼鏡看這個世界，所以顯得很沉悶，很嚴肅，也很枯燥。在這樣一個思想背景，和心理因素上，使我們懷疑是否能產生輕鬆風趣、生機活潑的禪學。

以上六點，雖然是我們的懷疑，但懷疑只是懷疑，並不足以構成否定了這個印度法統的論點。固然我們的懷疑，是由於他們根本沒有提供給我們任何證據和線索，但也正由於他們沒有提供給我們任何證據和線索，使得我們無從加以否定。這就同在漆黑一片中，你可以懷疑它沒有任何東西，因為你看不見；但由於你看不見，你也不能斷定它一無東西，今天我們要探索這段印度禪宗的史實，就遇到了這漆黑的一片，就遇到了這一個大疑案。

對於這個大疑案，我們本可存而不論。但不巧的是，中國的禪宗與這第二十八祖的達磨發生了關係，因此我們如果對這個問題，不作一個適當的安排，那麼中國禪宗的源頭上便永遠是漆黑一片。

可是我們究竟如何面對一片漆黑，去參破這個大疑案呢？

固然在印度經典中，我們找不到證據，可是，很巧的，在中國的經典裡，卻發現了一點線索。那就是慧遠在所譯的禪經中有一段小序說：

佛滅度後，尊者大迦葉，尊者阿難，尊者末田地，尊
者舍那婆斯，尊者優波崛，尊者婆須密，尊者僧伽羅
叉，尊者達摩多羅，乃至尊者不若密多羅，諸持法者，
以此慧燈，次第傳授，我今如其所聞而說是義。

慧遠是東晉時人，死於晉安帝義熙十二年（西元四一六
年），比達磨到廣州（註：一般以為西元五二七年，胡適以為西
元四七九年）要早了幾十年，所以當時中國還沒有禪宗的傳
授，慧遠這段話當然沒有偽託的必要，也沒有替中國禪宗找
源頭的可能。

從慧遠的這段介紹中，可以看到印度禪的一個模糊輪廓。
不過慧遠所說的，與後代禪宗所列的二十八祖，有些出入。
也許慧遠所看到的只是一部分，胡適在〈禪學古史考〉中，
曾加以分析，現在我們不必為這個問題去絞腦汁，因為我們
所感興趣的是：「以此慧燈，次第傳授。」兩句話。所謂慧
燈，是指印度禪；所謂次第傳授，就是指印度禪的系統。所
以在這裡，我們已有足夠的理由推證，印度禪的傳授，並非
完全是杜撰的。

那麼這個印度禪的傳承，是否即中國禪宗的源頭，這裡
面卻大有文章，因為印度禪有印度禪的系統，中國禪有中國
禪的系統，這兩條系統之被聯合在一起，並非是自然的演變，
而是有許多人為的因素。

我們先看印度禪的發展：

「禪」字即梵文「禪那」兩字的簡寫，意思就是靜慮或
禪定。在釋迦創教以前，這種禪定之學便很流行。《奧義書》

中早有禪定之法，名為「瑜伽」(yogu)，如：

> 《伽特伽書》：「諸根（註：即指眼耳鼻舌身意等）調御
> 堅定，是名瑜伽。」
> 《薄伽梵歌》：「寧靜曰瑜伽。」

　　同時數論（註：印度古哲學的一派）一派，也注重瑜伽。甚至有一派更以這種禪定為主，稱他們的學派為瑜伽派。釋迦生在六派哲學盛行的當時，自然也深受他們的影響，所以他在出家求道的時候，曾經學過三年的「無想定」（註：由斷絕思想而入定），後來又向阿羅暹（註：古印度之仙家）學「非想非非想定」（註：同時拋棄想和不想），這些都是當時最有名的禪定工夫。雖然他後來覺得禪定並非究竟，再去探求大道，但這種禪定的工夫對他一生的影響卻是很深的。

　　由於釋迦的思想，也不離禪定解脫，所以他雖然一面說法，教人從「理」上去解悟，但一面也傳禪，教人由「心」上去證道。前者屬於思想言行，後者屬於心性鍛鍊。釋迦對大眾傳教，自然是偏於前者，可是當他付法給迦葉時，卻是把教和禪一起傳授的，在《大涅槃經》中已說得很明白：

> 譬如大王，多所統領，若遊巡時，悉以國事付囑大臣，
> 如來亦爾，所有正法，亦以付囑摩訶迦葉。

　　因為教是靠言語、文字去傳的，而禪則必須心性修鍊，實際去參，所以要「不立文字，教外別傳」。這裡所謂別傳，

並非另立一派，而是說禪和教不同，是必須個別去傳心的，所以釋迦傳授的禪，根本也在於教內，只是傳授的方式不同而已。自釋迦傳法給迦葉後，由於迦葉本是外道，歸依佛教後，又是苦行的「頭陀第一」。所以從他開展出來的系統，便是以禪定為主。此一禪定是揉合了佛教的禪觀和外道的瑜伽。表現出來，乃是一種只重修行習定，而不談佛法理論的頭陀（註：頭陀所修的是苦行，即只靠一衣一缽，到處遊化乞食）風格，這便是印度禪的特色。

關於印度禪的傳入中國，並非自達磨開始，早在漢末魏晉，便已有禪法的流行。如漢末安世高所譯的《大小十二門》、《修行道地》、《明度五十校計》、《大小安般守意經》，都是討論禪法的經，而當時的韓林、皮業、陳慧、支讖、康僧會等人，都以行禪知名。及至東晉，禪法更盛，東來的僧人，如佛陀跋多羅（註：又譯佛馱跋多羅、覺賢），都教人習禪，門徒數百。至於鳩摩羅什，曾翻譯《首楞嚴經》，自稱為菩薩禪。其門下的僧肇，道生，一個主忘言，一個重頓悟，更與以後的禪宗有密切的關係。直到南北朝時，印度來了兩位禪師，一位是佛陀，傳授一種止觀的禪法，啟發了天台宗一派的思想。另一位就是菩提達磨，以《楞伽經》教人，傳授一種壁觀的禪法，開創了楞伽宗（註：楞伽宗一語為湯用彤及胡適所用，在中國佛教史上並無此名）一派的思想。

自達磨開始，傳慧可、僧璨、道信，而至弘忍，這是楞伽宗的系統，是半印半中的混合體，是印度禪到中國禪的一個過渡時期。弘忍門下有二大弟子，一個是神秀，一個是慧能，雖然他們兩人都被認為是禪宗的六祖，他們的弟子更為

他們爭道統，但很顯然的，神秀的禪觀，承繼了達磨的思想，是屬於楞伽宗的系統。

至於慧能，承接了弘忍般若（註：般若兩字為梵文音譯，相當於漢文之智慧）性空的思想，以《金剛經》教人，卻不同於楞伽宗的系統。此後禪宗的心要，不再強調小乘的禪法，不再強調漸修的禪定，而是在中國思想的園地內，受大乘佛學的滋潤，所生長出來的禪道。所以自慧能開始，才真正揮脫了印度禪的色彩，建立了中國的禪宗。

問題到這裡已很顯然，我們固然不否認印度古代已有禪法的流傳，也不否認印度禪在中國佛學上的重要地位，但我們卻不能忽視：從慧能開創出來的中國禪宗，已完全脫離了印度禪的老路，而由中國人自己的方法，自己的情趣，自己的智慧，建立了一套屬於中國人自己的佛學。

第二章　禪學是中國的佛學

　　然而何以見得，慧能以後的禪學，完全走出了印度禪的系統，成為中國人自己的佛學？對於這一點，我們可以從禪學的四個富有中國思想的特色中去求證。

一、平易近情──不講神通，不拜偶像

　　中國思想一向注重平易近情，不僅儒家有中庸易簡之行，要我們造端於夫婦；就是道家也有和光同塵之論，要我們與世俗相處。因此在中國思想熏陶下的禪學，也自然的走入了這一路向。

　　至於印度，是一個宗教的國家，他們的文化是在神話的搖籃中成長，所以印度思想充滿了神祕的色彩。佛教在當時雖是一個革新的學派，但仍然承襲了許多古代宗教的遺產。譬如它的宇宙觀，便多半來自婆羅門的教義，它的天有二十八個層次，地有一十八個層次，而每個層次中更有無數不同

的天堂與地獄。這無異構成了一個錯綜複雜的大迷宮，佛在那裡？人在那裡？這不禁令人感覺迷惘了。

印度佛教既然充滿了神祕色彩，那麼「教外別傳」的印度禪，總該是平易近情了。事實不然，從魏初所傳入的許多禪經看來，它們調息安心的工夫，仍然是相當神祕的。尤其這二十八祖，傳說都是六通（註：即天耳、天眼、他心、宿命、神足、漏盡等六種神通）具足的，如：

> 佛涅槃時，尊者（迦葉）在畢缽羅窟，以淨天眼，見世尊在熙連河側入般涅槃（註：簡稱涅槃，即佛滅度之意），即至雙樹，悲戀號泣。
>
> （達磨）遂端居而逝，葬熊耳山，起塔定林寺，其年魏使宋雲葱嶺回，見祖手攜隻履，翩翩而逝，雲問師何往？祖曰：西天去。雲歸，具說其事，及門人啟壙棺空，惟隻履存焉。

這些故事雖然都是後人追記的，但在印度古代關於神通的信仰，也是非常普遍的。佛教中不僅聲聞（註：佛陀之弟子）、緣覺（註：佛名）、菩薩、佛具有神通；而且像天神、修羅神（註：鬼神名）、鬼神，乃至已修定的人與畜生，也都有神通。這樣看來，專門修禪習定的印度祖師，當然更不能例外了。可是中國的禪宗卻不然，它們對於神通，並無興趣，如：

> （雲居道膺禪師）結庵於三峰，經旬不赴堂。洞山問：

子近日何不赴齋？師曰：每日自有天神送食。山曰：
我將謂汝是個人，猶作這個見解在！汝晚間來，師晚
至，山召膺庵主。師應諾。山曰：不思善，不思惡，
是什麼？師回庵，寂然宴坐，天神自此覓尋不見，如
是三日而絕。

由這段故事，可見中國禪師把神通視為魔道，而非禪的
最高境界。其實，慧能所開展的中國禪，即是使好談神通的
印度佛學，還歸於平易近情，試看他的〈無相頌〉：

心平何勞持戒，行直何用修禪，恩則親養父母，義則
上下相憐，讓則尊卑和睦，忍則眾惡無喧，若能鑽木
出火，淤泥定生紅蓮，苦口的是良藥，逆耳必是忠言，
改過必生智慧，護短心內非賢，日用常行饒益，成道
非由施錢，菩提只向心覓，何勞向外求玄，聽說依此
修行，天堂只在目前。

這段話是何等的平易近情！但對傳統的佛學來說，無異
是當頭一棒。這一棒，不僅敲破了天堂之門，也敲倒了天堂
內的佛；所以此後的禪宗，已無一佛可成，無一天堂可入，
展現在面前的，只是一個平平實實的人間世。

由這種反對神通的思想，再進一步，就一變而為禪宗不
拜偶像的獨特精神。

儘管釋迦提倡人人皆有佛性，承認「諸佛世尊，皆出人
間，非由天得也」（《增壹阿含經‧等見品》），但在宗教意識

的貫注下，人與佛之間的距離仍然很遠。要想把這點佛性開發出來，使我們成為一個佛，其間還須經過許多階梯，許多戒行，許多鍛鍊。也許在釋迦創教的當時，這條通路並不遙遠，可是經過後代許多僧徒疊床架屋的解釋，和許多小乘教派標新立異的造論，反而使得這條成佛之道上，平添了無數的曲折和障礙。因此由於這條通路的崎嶇不平，成佛便很困難，而成佛既然困難，那麼佛和人的距離就無形的拉遠了，於是佛便高高的坐在天堂上，變成了一尊偶像。

釋迦的本意並非要把自己塑成一個偶像，讓人膜拜。他曾明白的說：「若以色見我，以音聲求我，是人行邪道，不能見如來」。但二千餘年來，卻沒有一個人敢公然的承認：「自心是佛」，只有我們那位本不識字的樵夫——慧能，敢站起來，大膽的說：

　　我心自有佛，自佛是真佛。

前人之所以不敢承認，並非他們不知道人人都有佛性，而是這點佛性正像花的種子，雖然含有花的本質，但並不就等於花。同樣具有這點佛性，也不就等於佛。如果把這點佛性開展而為佛，需要經過一大套手術的話，那麼我們便不能遽下結語說：「自心是佛」，因為在手術過程中，也許把整個自心都剔除了。至於慧能之所以敢說這話，乃是他發明了一個方法，不需要經過一大套手術，也不離開自心，便能使這點佛性立刻變成佛。這個方法就是頓悟，就是在一剎那間，心念一轉，便化佛性而為佛，他說：

　　一念悟時，眾生是佛。

　　一念平直，即是眾生成佛。

　　由於慧能發現了這一最簡易，最直截的方法，把人和佛之間的距離拉到最近時，人人都可以立地成佛，並不需要像買賣式的建多少廟，讀多少經，修多少行，積多少德。這時，人與佛的分別，只在一念，所謂：

　　前念迷，即凡夫，後念悟，即佛。

　　所以自慧能開始，佛的偶像才自然的消失。此後的禪宗，非但不重視膜拜，有時甚至呵佛罵祖，如德山宣鑒罵釋迦是乾屎橛，雲門文偃要一棒把佛打殺與狗子吃，這從宗教的觀點來看，未免有點大不敬；其實，他們所罵、所打的，並非真正的佛祖，而是人們心目中的偶像，而是妨礙了自性的差別觀念。唯有了解到這一層，我們才能看出禪宗之所以有孤峰獨出的傲岸，原是為了進入一望無際的絕對境界。

二、一超直入——不重經典，不由漸修

　　印度佛學的發展，是由簡趨繁的，原始佛教理論，除了一部分承襲自古代的印度思想外，主要是以四諦（註：苦、集、滅、道等四種真理），十二因緣（註：為無明、行、識、名色、六入、觸、受、愛、取、有、生、老死等十二種緣起）為中心。這時，教海一味，並無大小乘（註：大乘度人，小乘度

己）之分。到了釋迦死後一百餘年，才有二十多個部派的分裂，都屬於小乘的教理。直到六七百年間的馬鳴和龍樹，才有大乘思想的興起。雖然大乘本不滿於小乘的煩瑣，可是後來它自己也走上了這條路子。如九百年後的無著和世親兩兄弟，開展了分析煩瑣的唯識思想。

自印度佛學傳入中國後，雖經鳩摩羅什和玄奘等大師的大量譯經和極力弘揚，但中國佛學的發展，卻和印度相反，是由繁化簡的。這一趨勢在隋唐以後，特別明顯。天台和華嚴宗的判教，即是把複雜的印度佛學加以整理。至於在思想上，前者納三千（註：即三千大千世界）於一念，後者融理事於真心，更是把煩瑣的印度佛學加以簡化。這一趨勢，直到禪宗，簡之又簡，簡到無可再簡之處，就只有離經捨教，一超直入了。

禪宗自慧能開始，便捨棄了《楞伽經》中「一百八義」的煩瑣分析，而以《金剛經》建立無住為宗，一超直入的頓教。這固然由於他本是一個不識字的樵夫，不為華貴典雅的傳統佛學所束縛，而能從自心中去見性成佛；同時更由於佛學中國化的結果，必然的會脫離煩瑣的印度思想，而建立簡易直捷的中國佛學。不過慧能在這方面的努力是平和的、建設的，他並不像後代許多個性剛愎的禪師一樣痛罵經書，如德山宣鑒禪師罵十二分教是鬼神簿，是拭瘡疣紙；夾山善會禪師把一大藏教當作坐具，把祖師玄旨當作破草鞋。但慧能卻告誡弟子說：

　　執空之人，有謗經直言不用文字，既云不用文字，人

亦不合語言。只此語言，便是文字之相。又云直道不立文字，即此不立兩字，亦是文字，見人所說，便即謗他言著文字，汝等須知，自迷猶可，又謗佛經，不要謗經，罪障無數。

在這段話中，很顯然的，他並不反對文字和經書。他認為文字是表達思想的工具，經書是佛祖思想的記錄，兩者本身並無錯誤。錯只錯在，我們把表達的工具當作思想，把佛祖思想的記錄當作自己的真心。那麼這樣說來，慧能豈不是贊成文字和經書；仍然落於傳統佛學的窠臼？

事實不然，慧能的手法是高明的，他並不正面去反對文字和經書，去革傳統佛學的命。他雖然承認文字和經書都是思想的工具和記錄，但佛性不是思想，成佛只在一念。就在這裡，他一手把傳統的佛學推開，把問題轉入了另一個方面。因為佛性既不是思想，那麼成佛與思想無關，當然不必依靠文字和經書了。所以慧能的努力乃是把讀經和成佛分開，以建立一超直入的頓教，這是整個禪宗思想的關鍵所在。以後禪宗的「不立文字」，廢棄經書，也都是從這個關鍵上變化而來。如果它們有任何過當之處，也只是為了矯枉，不得不過正而已。

由於不重視經典，因此也就必須推翻經典所發揮的漸修法門。

事實上世界各種宗教，無論主張他力，或自力，都是走漸修的路。主張他力的，當然是不斷的祈禱，不斷的膜拜，希望有一天能夠感動神明，使自己往生天國。而主張自力的，

也必須不斷的持戒，不斷的行善，希望有一天能夠跳出輪迴，證入涅槃。

印度佛學雖然是宗教和哲學的一種混合體，但因為它畢竟是歸本於宗教的，所以仍然是走漸修的路。而且這條路途由於印度佛學的日趨煩瑣，也愈為漫長。就拿萬有的法來說，以法相宗的歸納，便有一百種。至於比丘的戒行，以律宗的規定，也有二百五十種（註：比丘尼更過此數），因此要想通過這一百個關，接受二百五十種考驗，實在並非易事。再以教外別傳的印度禪來說，那神祕的禪法、壁觀，和苦行的頭陀生活，仍然是落在漫長的漸修之途上。

自印度佛學傳入中國後，雖然經過中國思想的沖洗，和道生等高僧的改良，但真正捨棄漸修之途，開創了頓教的卻是慧能。

慧能的頓悟，和神秀的漸修，雖然同被認為是禪門的二法，其實神秀的漸修是承繼印度禪的色彩，而慧能的頓悟卻完全是中國禪的精神。就以他們的兩首偈子來說，神秀的偈是：

身是菩提樹，心如明鏡臺，時時勤拂拭，勿使惹塵埃。

在這首偈子中，我們只看見一位虔誠的信徒，每天戰戰兢兢的在那裡洗心，在那裡除惡，在那裡天人交戰，可是他的理想、他的歸宿，仍然在那個遙遠的彼岸。我們再看慧能的這首偈子：

　　菩提本無樹，明鏡（註：明鏡喻心，莊子也有至人之用
心若鏡之語）亦非臺，本來無一物，何處惹塵埃？

　　這時，那位信徒已經感覺疲倦了，已經產生懷疑了，於
是他放下行囊，坐在一邊靜想；這條路途那麼漫長，是否有
個終止。而且這個終止之處，是否就比目前的境地好呢？突
然他抬起頭來看看周圍，不禁笑出聲來，這眼前的一切不是
都很美嗎？自己所追求的理想不是就在眼前嗎？在這一念之
間，他頓悟了。於是便拋掉了行囊，盡情享受眼前的一切，
正是所謂：

　　青青翠竹盡是法身，鬱鬱黃花無非般若。

　　慧能這種頓悟的境界，乃是在一剎間，使這個現成的世
界，變為美麗的天堂，雖然現象界仍有善惡美醜的差別，但
他頓悟了之後所看到的，卻是永恆的善，絕對的美。所以他
說：

　　凡夫即佛，煩惱即菩提。前念迷，即凡夫；後念悟，
　　即佛。前念著境，即煩惱，後念離境，即菩提。

　　這一念之轉，便使整個相對的、斷滅的、醜惡的世界，
變為絕對的、永恆的、美麗的樂園。禪宗的頓悟，就是要把
握這一念之轉。記得前人有一首詩：

　　蕭寺雲深處，方塘野徑斜，碧潭空界月，出水一聲蛙。

日人芭蕉也有一首俳句：

　　寂寞古池塘，青蛙躍入水中央，潑剌一聲響。

　　這個世界本是「萬古長空」，一切不住的，而青蛙出水的一聲鳴叫，入水的一聲潑剌，正像「一朝風月」，雖然短促、無常，卻是萬古如斯，永恆不遷的。這一聲，是宇宙中一個活潑的禪機，而在我們日常生活中，到處都是這些禪機，只要我們隨手拈來，一剎現成，不勞把捉。正如慧能所說：

　　一切時中，念念自見，萬法無滯，一真一切真，萬境
　　自如如（註：如其自然本色也）。

　　所以一聲一菩提，一剎一真如，禪宗所悟破的，就是這一聲，所把捉的，也就是這一剎。

三、自然無為──不用坐禪，不立法障

　　印度佛學無論何宗何派，都有成佛的法門，即使是以「無門為法門」的達磨禪，猶有二入四行，凝住壁觀。其實在印度佛學中，坐禪本是共法。釋迦在菩提樹下成正覺時，一坐四十九天，也是坐禪。至於印度禪，本以禪定為主，所以更離不了坐禪。

　　自印度佛學傳入中國後，儘管成佛的法門有了許多改變，儘管中國禪宗捨棄了一切方法，但坐禪卻仍為各宗所共法。歷代禪師也都離不了坐禪。不過在這裡值得我們注意的是，從慧能開始，坐禪的精神卻起了極大的改變。《六祖壇經》中曾記載說：

　　薛簡曰：「京城禪德皆云：欲得會道，必須坐禪習定，若不因禪定而得解脫者，未之有也。未審師所說法如何？」師曰：「道由心悟，豈在坐也。經云：若言如來，若坐若臥，是行邪道。何故？無所從來，亦無所去，無生無滅是如來清淨禪，諸法空寂是如來清靜坐，究竟無證，豈況坐耶。」

　　在這段話中，薛簡所謂京城禪德是指神秀一派人物，他們承繼達磨祖師所傳的印度禪，所以著重禪定，認為坐禪是成佛的主要方法。但慧能卻不然，他以為坐禪既是一種方便的法門，如果執著坐禪，便是著相，便是有了執著，所以他「惟論見性，不論禪定解脫」。

　　此後的禪宗儘管它們生活起居不離蒲團，但那只是僧人習定生活的一種，正像吃飯、看經一樣，固然也有其需要，也有所助益，但與成佛並無直接關係。所以長慶慧稜禪師，二十餘年來，坐破了七個蒲團，仍然未能見性，直到有一天，偶而捲簾時，才忽然大悟。便作頌說：

　　也大差，也大差，捲起簾來見天下，有人問我解何宗，

　　拈起拂子劈口打。

　　慧稜的這種經驗，令人想起了後來王陽明的龍場證道，陽明三十年來求仙學佛，都沒有心得，結果由一夢而大悟，不禁興奮的高歌：

　　　大道即人心，萬古未嘗改，長生在求仁，金丹非外傳，謬矣三十年，於今吾始悔。

　　這兩段故事，如出一轍，都是說明了向外追求、執著方法的錯誤。

　　禪宗之所以杜絕一切法門，甚至連坐禪也要捨棄，就是要我們對外，不依靠助緣；對內，不起心造作。一切都合於自然。正如無門和尚的頌說：

　　　春有百花秋有月，夏有涼風冬有雪，若無閑事掛心頭，便是人間好時節。

　　禪宗的精神與自然相契，春看百花秋望月，夏享涼風冬賞雪。能自在無礙，便「日日是好日」了。如果讀經而句句著經，坐禪而念念不忘禪，那樣便永遠為自己運用的方法所障，而解脫不了。所以禪宗的道在於自然無為，「要眠即眠，要坐即坐」，「熱即取涼，寒即向火」，唯有這樣，才能坐亦禪，臥亦禪，靜亦定，動亦定，吃飯拉屎，莫非是道了。

　　由於禪宗推崇自然無為，連坐禪也要加以揚棄，因此使

它幾乎沒有一種方法可以憑藉。不過為了要達到徹底的自然
無為，它卻有一套不屬於普通方法的方法。這種特殊的方法，
比坐禪更為直截而有效。

禪宗的這套特殊方法，乃是用任何手段，把對方趕得走
投無路，到處碰壁，然後讓他們自己「懸崖撒手」，「絕後再
蘇」，忽然而悟道。這正像用火箭送人造衛星入太空，送到一
半時，火箭突然調皮的溜走，剩下無依無靠的人造衛星，只
好奮其餘力，躍入軌道。這話如何說法呢？

我們先看世界上任何學術和宗教，它們傳授學生，都是
利用語言文字的表達功能，而且都是正面的去疏導和啟發，
直到學生完了了解老師的意思為止。譬如蘇格拉底的產婆法，
雖然他沒有先說出結論，而是誘發學生自己去思想，但他一
步步的追問，都是正面的去接引，而且學生所得的結論，也
正是他所預期的。至於印度佛學，雖然傳道法門特殊，常常
用破的方法，去破有、破空、破我執、破法執。但它們破有
破空時，即希望對方不執邊見；破我執破法執時，即要求對
方法我俱遣。所以仍然是正面的去接引。

可是禪宗卻不然，語言文字在它們手中，非但不是傳導
的工具，而且是一種絕緣體。當學生向老師討取意旨時，他
們非但不示以正法，相反的卻以絕緣體去斬斷對方的思路，
封閉對方的要求。這正像熱戀中的男士，突然打了一個電話
給愛人說：「親愛的，你是否真的愛我？」對方便忿然的說：
「不知道」，或「砰」的一聲，掛斷了電話，這「不知道」和
「砰」的一聲，沒有否定，也沒有肯定，只是告訴對方：「你
的問題太無聊了，問你自己吧！」禪宗的機鋒冷語，公案棒

喝，便是這「不知道」三字，和「砰」的一聲。譬如：

> 僧問：「如何是佛？」
> 雪峰答：「寐語作麼生？」
> 僧問：「如何是佛法大意？」
> 巖頭答：「小魚吞大魚。」
> 僧問：「如何是祖師西來意？」
> 德山答：「門外千竿竹，佛前一炷香。」

這些回答，都是答非所問，都是「不知道」三字。又如：

> 雪峰問：「從上宗乘學人還有分也無。」師（德山）打
> 一棒曰：「道什麼。」曰：「不會。」至明日請益，師
> 曰：「我宗無語句，實無一法與人」，峰因此有省。
> （臨濟）見徑山，徑山方舉頭，師（臨濟）便喝，徑
> 山擬開口，師拂袖便行。

這種所謂「德山棒，臨濟喝」，都是「砰」的一聲，掛斷了電話。

　　由上面這些例子，可以看出禪宗教授方法的特殊，它們雖然也用文字，卻不立文字；雖然也要坐禪，卻不執著於坐禪；雖然也有方法，卻不成其為方法。像這種特殊的色彩，不僅印度佛學中沒有，就是世界各種學術，宗教中也找不到。這完全是中國禪師的匠心獨運了。

四、妙趣橫生——不落窠臼，不拘一格

　　一提到宗教，都意味著一種神聖的使命，同時也總伴隨著一種敬畏的心理。試看任何宗教傳道的場面都是神祕的，嚴肅的。就拿佛教來論，每次釋迦登壇說法，都是頂後放光，現莊嚴色相，然後十方僧徒膜拜，合掌而坐。即使在平日他和弟子問答，也都是循規蹈矩，沒有一絲笑謔。否則便犯了輕慢之戒，因為以苦觀為出發點的佛教，對人間的一切都要捨棄，又豈能留戀人生的逸趣。

　　由於印度佛教的莊嚴其事，因此我們今天所看到的佛經，都是正正色色的在說法，即使其中也穿插了許多偈語和故事；但說教的氣味太濃，缺乏詩情畫意，也沒有保留一點弦外之音去讓讀者賞玩。

　　可是中國的禪宗卻不然，它們了解佛經說太多的理，使人們被理所窒息，反而沒有呼吸的自由。這正像在魚缸中放了過多的餌，非但無益，而且有害。所以它們避免了枯燥的說教，把理寫進詩篇中，放在笑聲裡，讓人們自由的呼吸。

　　當我們展讀禪宗的語錄和傳記，到處可以看到美麗的詩篇，到處可以聽到開懷的笑聲，然而就在這詩意中，我們陶醉了，就在這笑聲裡，我們悟道了。請看：

　　　盡日尋春不見春，芒鞋踏遍嶺頭雲，歸來偶過梅花下，春在枝頭已十分。（某尼詩，見《鶴林玉露》）

　　　寒氣將殘春日到，無索泥牛皆踍跳，築著崑崙鼻孔頭，

觸到須彌成糞掃。牧童兒，鞭棄了，懶吹無孔笛，拍
手呵呵笑；歸去來兮歸去來，煙霞深處和衣倒。(長慶
應圓禪師)

從這些詩篇看來，這裡面並沒有向我們說什麼教，可是
讀過了以後，卻使我們頓感「今朝塵盡光生，照破山河萬朵」
(郁山主語)，一切的道，一切的理，歷歷分明，如在眼前。

禪宗不僅用文學的造境，去烘托這個道，而且有時，用
近乎戲謔的方法去說明這個理。試看：

尼問：「如何是密密意？」師以手掐之。尼曰：「和尚
猶有這個在。」師曰：「卻是你有這個在。」
(淨居尼玄機)乃往參雪峰，峰問：「甚處來？」曰：
「大日山來。」峰曰：「日出也未？」曰：「若出則鎔
卻雪峰。」峰曰：「汝名甚麼？」曰：「玄機。」峰曰：
「日織多少？」曰：「寸絲不挂。」遂禮拜退。才行三
五步，峰召曰：「袈裟角拖地」，尼回首。峰曰：「大好
寸絲不挂。」

一個和尚以手掐尼姑，一個尼姑對和尚說自己寸絲不掛，
這在傳統佛教中，那還得了，簡直是花和尚、花尼姑，要被
逐出教門了。可是我們的禪師、禪婆，卻談笑風生，以此傳
道。這不禁使我們想起了二程觀妓的故事。伊川是「眼中無
妓，心中有妓」，明道是「眼中有妓，心中無妓」。禪宗之所
以能喜笑怒罵，莫非是道。不僅做到了「心中無妓」，而且也

是「眼中無妓」。所以手掐處，已無物可掐；寸絲不掛處，已無體可掛了。

　　像禪宗這樣富有文學的氣味，和近於戲謔的傳道方式，在嚴肅的印度佛學中，是絕對找不到的。事實上，也只有中國的高僧，才有這種文學的素養，才敢有這樣調皮的作法。

　　前面已列舉了禪學的四大特色，在這四點中，如平易近情，自然無為，都是儒道思想的結晶，都是中國思想的本色。至於一超直入，及妙趣橫生等，只有在中國思想的園地內，受中國性靈的含育培養，才能開花結果。因此問題到這裡已很明顯，儘管中國禪宗在源頭上，曾與印度禪有點淵源，儘管中國禪宗在開創時曾受過大乘思想的灌溉，但以禪學思想來說，無論在精神、內容，和形態方面，都是中國思想的產物。沒有印度佛學，固然中國的思想家不會去做和尚，去研究什麼禪道，但沒有中國思想，印度佛學也只有止於小乘的禪觀和分析煩瑣的法相宗，絕對開展不出那樣生機活潑的禪學思想。所以我們可以肯定的說：禪學是中國的佛學。

第三章　禪學的道家背景

　　禪學既然生根於中國的園地上，是純粹的中國佛學，那麼它的思想必然與儒道兩家源流共沐。因此從慧能開展出來的禪學系統，便兼有儒道兩家思想。不過這並非說：禪宗學者，都是精通儒道兩家典籍，然後加以融會的。而是因為他們都是中國的僧侶，都是在中國思想所灌溉的園地內成長的，縱使他們沒有讀過儒道的書，但在這塊園地的泥土裡，他們卻很自然的吸取了儒道兩家的思想。

　　由此可見，禪學之所以融合儒道兩家思想，並非偶然的，也非人為的。事實上，在唐宋間的中國思想界根本是一個大熔爐。這一時期，無論那一家，那一派的學說，都是兼有儒道佛三家的思想。這時的儒家，是新儒家；這時的道教，是新道教；這時的佛學，是新佛學。它們之所以為新，乃是在原有的系統外，再吸收其他兩家思想。譬如新儒家的理學，新道教的全真道，便是在它們本身的學統外，再兼採道佛，或儒佛兩家思想。同樣，新佛學的禪宗，也是在傳統佛學外，

兼融了儒道兩家思想。

　　不過在這裡必須注意的是：理學雖然兼採道佛兩家思想，但那些新儒家們，為了發揚孔孟，維護道統，不得不排道闢佛。全真道雖然吸取儒佛兩家思想，企圖革新以符籙為主的傳統道教，但它們身為神仙家，也擺脫不了宗教的色彩。至於禪宗卻不同，它們消化了儒道兩家思想後，便完全擺脫了印度佛教的舊傳統，而開創了嶄新的中國佛學。禪宗之所以有這樣的成就，固然由於慧能及以後許多禪師的智慧和氣魄，但我們也不能忽略了一個重要的因素，便是早在印度佛學傳入中國的時候，首先去開門迎接的是道家思想。此後經過了三百餘年來，無數半佛半道的中國高僧和名士的努力，才使佛與道逐漸融合，才使佛學完全的道家化，而有禪學的產生。所以自魏晉以來，佛學的中國化，實際上乃是道家化。至於儒家思想的融入，卻是在佛學徹底道家化以後的事了。基於這一理由，因此今天我們研究禪學，必須從源頭上看看禪學的道家背景。

一、禪法與方術的接觸

　　當一個外來的宗教，要突破另一國文化，去傳布它們的教義時，最先往往不是以高深的理論去說服對方的知識分子，而是用最淺近、最神祕的信仰和法術，到素樸的民間去發酵。印度佛教的傳入中國，便是走這條路線。

　　依據一般的公認，印度佛教開始傳入中國，是在漢明帝永平年間。這時，在表面上雖然仍保留著儒學獨尊的空架，

但骨子裡卻充滿了陰陽讖緯，神仙方術。其實自武帝以來的漢代君主，不僅外儒內道，而且他們所崇尚的道，又多半是方士的道術，並非老莊的玄旨。如武帝好神仙，成帝學鍊丹，王莽尊圖讖，光武奉占候，楚王英信方術，而明帝夜夢神仙，才遣使去西域求佛法。所以在這樣一個儒學空虛，道家蛻變的時代中，印度佛教要圖生存和發展，便只有與神仙方術結合。湯用彤先生曾說：

> 按佛教在漢代純為一種祭祀，其特殊學說為鬼神報應。王充所謂「不著篇籍，世間淫祀，非鬼之祭」，佛教或其一也。祭祀既為方術，則佛徒與方士最初當常並行也。（《漢魏兩晉南北朝佛教史》第一分第四章）

事實上，漢代的佛教並不限於齋戒祭祀，和鬼神報應，因為當它最初在民間起信時，常常需要一些神通，去收服人心。尤其在神仙方術瀰漫的東漢，印度佛教要想站住腳跟，便必須拿出一套高明的法術來和方士競爭。據《古今佛道論衡》中記載，在漢明帝時，曾有道士褚善信等，上書排斥佛教，而奉詔在白馬寺和摩騰鬥法，結果道士失敗，被迫出家奉佛。這段故事雖經後人斷定是捏造的，但卻反映了一個事實，就是佛教在當日包圍於神仙方術中，不僅和方士並行，而且發生了衝突。由於衝突，一面以神奇為號召，希望壓倒對方；一面附和於方術，以推行它的教化；一面則向它的大本營討救兵，盡量輸入有關法術的經典。所以這時西來的名僧，都是擅長術數，如譯經大師安世高便對於「七曜五行，

醫方異術，乃至鳥獸之聲，無不綜達。」（《高僧傳》卷一）
至於他所譯的經有三十餘部，著名的如《安般守意》、《陰持入》、《大小十二門》、《道地》、《禪行法想》、《阿毘曇五法》等經，都是有關禪法的，都是屬於小乘的禪觀修行，正好和當時的神仙方術連成了一氣。

　　以《安般守意經》來說：它是當代最流行的一本禪經。所謂安般守意，依該書的解釋是：

> 安名為入息，般名為出息，念息不離是名為安般。守意者，欲得止意。在行者新學者，有四種安般守意行，除兩惡十六勝，即時自知乃安般守意行令得止意。何等為四種：一為數（註：數呼吸也），二為相隨（註：順著呼吸也），三為止（註：心念專一也），四為觀（註：返觀內視也）。（《大安般守意經》卷上）

從這段解釋可知安般守意乃是由呼吸的方法，打消意念而入禪定。這與中國方士的吐納之術，及後代道士的行炁之法有點相似。吐納之術的起源很早，在《莊子‧刻意》篇中便有「吹呴呼吸，吐故納新」的記載，但詳細情形不得而知。至於行炁之法，在《抱朴子》一書中卻寫得很明白：

> 初學行炁，鼻中引炁而閉之，陰以心數，至一百二十，乃以口微吐之，及引之，皆不欲令己耳聞其炁出入之聲，常令入多出少，以鴻毛著鼻口之上，吐炁而鴻毛不動為候。漸習轉增其心數，久久可以至千，至千則

老者更少，日還一日矣。(《抱朴子》內篇〈釋滯〉卷
第八)

安般守意和吐納行炁的方法雖然不同，但原理卻相似，都是
由數息而止念，由止念而入定。入定以後，都有神通，都能
返老還童，「制天命，住壽命」。所以這兩者在當時便一拍即
合。

　　大致東漢以來流行的禪法，不外於安般守意。安世高教
人所習的禪，便是行安般。世高傳給陳慧，陳慧再傳給康僧
會，便構成了安般禪法的系統。這一系統主張行安般可以成
神，與神仙家養氣成仙之說，完全一致。所以在當時極為風
靡。

　　禪法和方術的結合，是印度佛學與中國道術最早的接觸，
但這次接觸並沒有觸及思想的核心，因為禪法在印度佛學中
不是最高境界，它一方面為婆羅門及其他外道所共法，一方
面又屬於小乘的禪觀修行，所以在大乘佛學中都不談禪法。
至於方術在道家思想裡更是一種旁門，《莊子‧刻意》篇中便
批評吐納導引，只重養形延壽，而非道家本色，後來方術附
於道教，其成分也就更混更雜了。所以禪法和方術都不是佛
道兩家思想的主流，它們的結合，只是這一融和過程中的一
個小插曲，一種不成熟的嘗試而已。

二、般若與玄學的合流

　　這一嘗試，到了魏晉之際，便有了新的轉變。因為自魏

正始以來，由於何晏、王弼等人的提倡，清談之風漸盛。清
談的起因固然很複雜，但在思想的脈絡來看，不外於反對漢
代的訓詁，痛感儒學的衰弱，而逼出道家思想來安慰人心；
再由於神仙方術的攀附，使得道家思想混濁下沉，而逼著大
家向上去追求老莊的玄旨。所以這些清談家們不僅對訓詁之
學厭棄，而且對方士長生久視之術，如郤儉的辟穀，甘陵的
行炁，左慈的補導，也都表示不信。如曹丕在《典論》中批
評說：

> 夫生之必死，成之必敗，天地所不能變，聖賢所不能
> 免，然而惑者望乘風雲與螭龍共駕，適不死之國，國
> 即丹谿，其人浮游列缺，翱翔倒景，飢餐瓊蕊，渴飲
> 飛泉，然死者相襲，丘壟相望，逝者莫返，潛者莫形，
> 足以覺也。(《全三國文》卷八)

雖然嵇康有養生之論，曹植、阮籍、張華、何劭、張協、郭
璞等人都有遊仙之詩，但他們嚮往的，乃是逍遙的境界，乃
是玄學的神仙，而非講求符籙呪語，作威作福的方術的神仙。
所以這時一般有識之士，已逐漸擺脫兩漢以來的鬼神祭祀，
災異讖緯。即使鍊丹鼻祖，好談神通的葛洪，猶批評說：

> 夫福非足恭所請也，禍非禋祀所禳也，若命可以重禱
> 延，疾可以豐祀除，則富姓可以必長生，而貴人可以
> 無疾病也。
> 曩者有張角、柳根、王歆、李甲之徒，或稱千歲，假

託小術，坐在立亡，變形易說，誑眩黎庶，糾合群愚。

　　佛教在這樣一個風氣轉變的時候，一方面為了適應環境，一方面由於在民間的傳教已有基礎，所以便逐漸脫離了方術，而到士大夫社會中去另謀發展。但這時士大夫社會陶醉在玄學清談中，很少有人推崇那種安般守意的禪法了。因此佛教要想與玄學同流，便必須拿出一套清談的工夫來。幸而佛教中的「般若」思想和老莊的玄旨相近，適於清談，所以在這方面的儲藏比禪法還豐富，只要風氣一轉，便立刻由和方術相混的漢代佛教，變為高談清淨無為的魏晉佛學。

　　早在漢末，和安世高同時來中國的，有位支讖（註：本名支婁迦讖）曾翻譯《般若道行品》、《首楞嚴》、《般舟三昧》等經，這些經和安世高所譯的小乘禪不同，都是宣揚大乘的禪觀。不過在當時為方術及小乘禪法所蓋，並不流行。直到魏晉之際，由支讖的再傳弟子支謙的弘揚，這些大乘的經典才流行於中土。湯用彤曾說：

　　安世高，康僧會之學說，主養生成神，支讖、支謙之學說，主神與道合，前者與道教相近，上承漢代之佛教，而後者與玄學同流，兩晉以還所流行之佛學，則上接二支，明乎此，則佛教在中國之玄學化，始於此時，實無疑也。（《漢魏兩晉南北朝佛教史》第一分第六章）

　　所謂佛教在中國的玄學化，就是般若思想與老莊玄旨的

結合。自此以後，一方面是般若經典的大量翻譯和流傳，一方面是玄學清談的愈談愈盛，而且這兩方面又正好是相輔相成，相得而益彰，所以使得整個魏晉南北朝變成了名僧和名士的天下。

這時的名士，如王導、周顗、庾亮、謝鯤、孫綽、桓彝、桓玄、謝安、謝玄、許詢、郗超、王羲之、王坦之、習鑿齒、陶淵明、謝靈運等人，有些是政治上的領袖，有些是文學界的泰斗，都與佛學有密切的關係。而當時的名僧，如于法蘭、于道邃、支孝龍、康僧淵、康法暢、支愍度、竺法深、支道林、道安、慧遠、僧肇、道生等人，雖然都是清淨的佛門，但卻常和名士來往，甚至參加清談，以老莊的玄旨，壓倒名士，如《世說新語》中便有許多記載：

> 王逸少作會稽，初至，支道林在焉，孫興公謂王曰：
> 「支道林拔新領異，胸懷所及，乃自佳，卿欲見不？」
> 王本自有一往雋氣，殊自輕之。後孫與支共載王許，
> 王不與交言。須臾支退，後正值王當行，車已在門，
> 支語王曰：「君未可去，貧道與君小語」，因論《莊子·
> 逍遙遊》，支作數千言，才藻新奇，花爛映發，王披襟
> 解帶，留連不已。（《世說新語·文學第四》）

不僅像支道林等名僧，深通老莊，要擠入清流；即使在當時持戒最嚴的慧遠，他三十七年不離廬山一步；他為了不拜王侯，三度上書給桓玄；他臨死時為了戒律，而不肯飲豉酒。照理說，總該和清談絕緣。其實他仍然和殷浩、陶淵明

等人往來，仍然以老莊解佛，如：

> 殷荊州曾問遠公：「《易》以何為體？」答曰：「《易》
> 以感為體。」 殷曰：「銅山西崩，靈鐘東應，便是
> 《易》 耶？」 遠公笑而不答。（《世說新語・文學第
> 四》）
> （慧遠）年二十四便就講說，嘗有客聽講，難實相義，
> 往復移時，彌增疑昧，遠乃引莊子義為連類，於惑者
> 曉然，是後安公特聽慧遠不廢俗書。（《高僧傳》卷三）

這些名士和名僧之所以氣味相投，樂於清談，就是因為
老莊的玄旨與般若的思想可以互相發明。當代名士所談的玄
都是以無為本，據《晉書・王衍傳》所說：

> 魏正始中，何晏王弼等，祖述老莊立論，以為天地萬
> 物，皆以無為本。無也者，開物成務，無往而不存者
> 也。

至於般若思想以性空為體，據劉宋時的曇濟分析，當代
的般若學有本無（道安為主）、本無異（竺法深為主）、即色
（支道林為主）、識含（于法開為主）、幻化（道壹為主）、心
無（竺法溫為主）、緣會（于道邃為主）等七宗。而這七宗的
學說，都是以「無」為立論的中心，正好和玄學的崇尚虛無，
互相呼應，互相印證。所以這些名士和名僧，不是以老莊解
佛，便是以佛解老莊。今天我們翻一翻當時所譯的經，所作

的注，所寫的論，都反映著玄學的色彩，都套用著道家的術
語。如支謙所譯的《摩訶般若波羅蜜多經》，即《道行經》，
也稱為《大明度無極》，便改掉胡音，而用道家術語，至於內
容更是反映老莊的玄旨。再如孫綽在〈喻道論〉中便以「無
為」釋佛，他說：

> 夫佛也者，體道者也，道也者，導物者也，應感順通，
> 無為而無不為者也，無為故虛寂自然，無不為故神化
> 萬物。（《弘明集》）

　　由於這些名士和名僧的趣味相投，使得魏晉間的佛學完
全是玄學和般若的合流，這時的般若已非印度的般若，而是
玄學的般若，最能代表這一特色的，便是僧肇的四論。

三、僧肇的四論

　　如果說，由禪法與方術的接觸，到般若與玄學的合流，
這是禪學的道家背景的話，那麼僧肇的四論，便是這個背景
中最特出的表現。因為般若與玄學的合流，固然是針對禪法
與方術的一種揚棄，但它們所合之處，在於這個「無」字。
而這個「無」字，本不易把握，再加上清談之風的影響，因
此易流於虛無。魏晉名士的由曠達、放誕、而至於頹廢，暫
且不論；就是當代許多名僧，也往往或走入玄學的迷宮，失
去了佛學的正旨，或眷戀於清談的虛名，而離開了清淨的佛
門。《世說新語》中曾記載：

康僧淵初過江，未有知者，恆周旋市肆，乞索以自營，忽往殷淵源許，值盛有賓客，殷使坐，麤與寒溫，遂及義理，語言辭旨，曾無愧色，領略麤舉，一往參詣，由是知之。

竺法深在簡文坐，劉尹問：「道人何以游朱門？」答曰：「君自見其朱門，貧道如游蓬戶。」

于法開始與支公爭名，後情漸歸支，意甚不分，遂遁跡剡下，遣弟子出都，語使過會稽。于時支公正講《小品》，開戒弟子：「道林講，比汝至，當在某品中。」因示語攻難數十番，云：「舊此中不可復通。」弟子如言詣支公，正值講，因謹述開意，往反多時，林公遂屈。厲聲曰：「君何足復受人寄載來。」

　　康僧淵的遇殷淵源而知名，竺法深的好遊朱門，于法開的與支道林爭名，這些都是清談名士的作風。由於當代的和尚都為這一風氣所染，雖然他們神采秀逸，名高一時，但對於佛學，除了譯經、注經之外，並沒有重要的貢獻。就拿當時最為名士推重的支道林來說，他雖然出家為僧，但養馬放鶴，優遊山水，以文翰冠世，與名士周旋，孫興公把他比之於向秀，說：「支遁向秀，雅尚莊老，二人異時，風好玄同矣！」（孫興公〈道賢論〉）王該稱他：「支子特秀，領握玄標，大業沖粹，神風清蕭」（《弘明集》王該〈日燭〉）。大家似乎都把他當作名士看待。至於他自己的得意傑作，也只是有關《莊子》的〈逍遙論〉，所以他實際上可說是一個清談家。

雖然他們的清談，有時好像禪學的公案，也頗有禪味，
如：

> 僧意在瓦官寺中，王苟子來，與共語，便使其唱理，
> 意謂王曰：「聖人有情不？」王曰：「無。」重問曰：
> 「聖人如柱邪？」王曰：「如籌算，雖無情，運之者有
> 情」，僧意云：「誰運聖人邪？」苟子不得答而去。(《世
> 說新語・文學第四》)

但這畢竟限於清談，只是在語言思辯上用工夫，以楔去楔，
仍然落於邊見，並沒有入道。

在這些玄論清談的名僧中，真正能融老莊、般若於一爐，
既有玄學的風雅，又不失佛學的正旨，且有不朽的著作流傳
於世的，恐怕要推僧肇為第一人了。

僧肇是鳩摩羅什的大弟子，他在未遇羅什前，已通老莊，
後來又隨羅什精研三論、《維摩》、《般若》各經，由於他天資
敏悟，別有會心，再加以才情橫溢，所以能用極優美的文字，
寫極艱深的佛理。

他的四篇論文是，〈物不遷論〉、〈不真空論〉、〈般若無知
論〉、〈涅槃無名論〉。

在這四篇論文中，僧肇不僅到處運用老莊的名詞，如「無
有」、「無為」、「無知」、「無名」、「無言」、「虛心」、「常靜」、
「谷神」、「化母」、「自然」、「抱一」、「希夷」、「絕智」(以上
皆採自〈涅槃無名論〉)，而且到處引用老莊的思想，如：

> 夫渾元剖判，萬有參分，有既有矣，不得不無，無自
> 不無，必因於有，所以高下相傾，有無相生，此乃自
> 然之數，數極於是。（〈涅槃無名論〉）
> 然則玄道在於妙悟，妙悟在於即真，即真則有無齊觀，
> 齊觀則彼己莫二，所以天地與我同根，萬物與我一體。
> （〈涅槃無名論〉）

　　事實上，僧肇整個思想的間架，即是以老子的有無相生，
配合莊子的物我同體，來說明般若的動靜合一，體用一如。

　　在當時，般若的思想，為玄學所迷，而落於虛無。僧肇
在〈不真空論〉中，便批評心無、即色、本無等三家說：

> 心無者，無心於萬物。萬物未嘗無，此得在於神靜，
> 失在於物虛。即色者，明色不自色，故雖色而非色也。
> 夫言色者，但當色即色，豈待色色而後為色哉，此直
> 語色不自色，未領色之非色也。本無者，情尚於無，
> 多觸言以賓無，故非有，有即無；非無，無亦無。尋
> 夫立文之本旨者，直以非有，非真有，非無，非真無
> 耳。何必非有無此有，非無，無彼無，此直好無之談，
> 豈謂順通事實，即物之情哉！（〈不真空論〉）

心無宗是支愍度、竺法溫、道恆等人的思想，主張萬物實有，
只求心不執著。即色宗是支道林的思想，主張色無自性，因
緣而有。本無宗是道安、竺法汰等人的思想，主張諸法本來
無，萬物由無生。這三派學說都是把本體和現象分成兩截，

以本體為真無（本無宗），現象為實有（心無宗），或幻有（即色宗），而硬要去求通，所以仍然落於有無的邊見。至於僧肇的看法卻不同，他把現象和本體打成一片，現象透處即本體，本體顯處即現象，就現象看，是不離有無，但就本體看，又不落有無，所以他說：

> 處有不有，居無不無。居無不無，故不無於無。處有不有，故不有於有。故能不出有無，而不在有無者也。（〈涅槃無名論〉）

　　然而僧肇究竟以何等的手法，把現象和本體打成一片呢？他所寫的四論，便是四種法門：

（一）物不遷

　　在〈物不遷論〉中，僧肇舉這個視之有形，敲之有聲，摸之有體的物為例。對於一般人來說，這個物是因緣假合，瞬息生滅的，即使當前為實有，但也只是尚未消滅而已，所以仍然是無常的。至於僧肇的看法卻不同，他說：

> 傷夫人情之惑也久矣！目對真而莫覺，既知往物而不來，而謂今物而可往，往物既不來，今物何所往？何則？求向物於向，於向未嘗無，責向物於今，於今未嘗有。於今未嘗有，以明物不來，於向未嘗無，故知物不去。覆而求今，今亦不往，是謂昔物自在昔，不從今以至昔，今物自在今，不從昔以至今。（〈物不遷

論〉）

在僧肇眼中，這個大千世界正像一部電影，它的底片都是一張張固定的形體，而其所以有動作變化，乃是經過時間的流動，在人們心中所造成的連鎖作用。同理，在宇宙中的任何一物，雖然都有成住異滅的過程，但這只是人們戴著「無常」的眼鏡去看萬象。其實就物體本身來說，它在某一剎那的存在，卻是永恆不變的。僧肇看透了這點，因此他說：

> 必求靜於諸動，故雖動而常靜；不釋動以求靜，故雖靜而不離動。（〈物不遷論〉）

唯其如此，所以

> 旋嵐偃嶽而常靜，江河競注而不流，野馬（註：語出《莊子》，指生物之氣息也）飄鼓而不動，日月歷天而不周。（〈物不遷論〉）

　　在這裡可以看出僧肇手法的高明，他非但沒有捨棄變化去談本體，相反的，卻是就變化處去證入本體。同是一條河流，一面是水勢滔滔，沒有一刻靜止；一面又是千古如斯，未曾有一刻變動。僧肇便在這變與不變之間，就地一轉，把這個無常的物，轉入了永恆的常流。

（二）心不滯

　　然而依照僧肇所說，物如果真是不遷的話，那麼這個物豈非又成了當途之障？對於這一問題，他在〈不真空論〉中，曾三次強調說：「即萬物之自虛」。他認為一般人看到物，便好像遇見仇敵似的，感覺周身不安。有些人（心無宗），背轉身說：「不理它」。有些人（即色宗），閉著眼說：「不是它」。有些人（本無宗），大聲喊說：「除掉它」。這就同把自己的影子誤為鬼魂，逃得愈快，跟得也愈緊。其實，如果我們靜下心來，仔細的看一看，便將發現物性自虛，作祟的還是自己。所以他說：

　　　　是以聖人乘真心而理順，則無滯而不通；審一氣以觀化，故所遇而順適。無滯而不通，故能混雜致淳；所遇而順適，故則觸物而一。如此，則萬象雖殊，而不能自異。不能自異，故知象非真象；象非真象，故則雖象而非象。（〈不真空論〉）

　　在這裡，僧肇已把這個一般人認為銅牆鐵壁似的物，分解得絲毫不存。他的方法，顯然和心無、即色、本無等三宗的逃避問題不同，而是真刀真槍的，用真心去即物。只要我們把握住這個真心，使它不「觸途為滯」，不著於有無，那麼無論這個物不去不來，都將還歸自虛，不再是我們的障礙了。這正同莊子所說的庖丁解牛，只要技進乎道，神與理會，以無厚入於有間，便所見而非全牛。同樣，以不滯之真心，入

於不遷之物如，自然是「無滯而不通」，「所遇而順適」了。

（三）智無知

不過僧肇所謂的真心，不是指那個能思慮，能辨析的生滅心。因為思慮和辨析，都是屬於意識情態，都是隨著外境而轉，落於有無的邊見，因此都是假而不真的。至於真心卻不然，它之所以能不滯，所以能即物自虛，並非用知用慮去解析萬物，相反的，而是捨知捨慮去體合萬物。僧肇在〈般若無知論〉中曾說：

> 是以聖人虛其心而實其照，終日知而未嘗知也。故能默耀韜光，虛心玄鑒，閉智塞聰，而獨覺冥冥者矣！然則智有窮幽之鑒，而無知焉；神有應會之用，而無慮焉。神無慮，故能獨王於世表，智無知，故能玄照於事外。智雖事外，未始無事，神雖世表（註：即莊子「獨與天地精神往來」，明神之超然物外），終日域中（註：即莊子「與世俗處」）。所以俯仰順化，應接無應，無幽不察，而無照功，斯則無知之所知，聖神之所會也。

僧肇這段話，和莊子「至人之用心若鏡，不將不迎，應而不藏，故能勝物而不傷」的說法相同。他把這個真心的作用比作一面明鏡。這面鏡子本身一無所知，一無所有，既不追逐於外物，也不留影於內心，但它卻沒有一刻空過，因為胡來胡現、漢來漢現，它隨時隨地都含攝著萬物，返照著萬物。

在這裡我們可以看出僧肇把現象和本體打成一片後，所造成的便是這面智慧之鏡。這面鏡子，自其無知無慮來說，它是揚棄了現象界的分別心。而自其知無不照、神無不會來說，它已證入了窮神知化的玄妙境界。

（四）道無為

這一玄妙的境界，就是印度佛學上所謂的涅槃。依照當時中文的意譯，一作無為，一作滅度。無為是「取乎虛無寂寞，妙絕於有為」。這是當時所流行的見解；滅度是「言其大患永滅，超度四流（註：見、欲、有、無明等四流）」（〈涅槃無名論〉），這是印度小乘佛學的思想。至於僧肇所說的涅槃，雖然兼容這兩者，但卻是以老莊思想為本，在他眼中的涅槃，幾乎等於老莊的道。以作用來論，是無為而無不為的，他說：

> 無為，故雖動而常寂，無所不為，故雖寂而常動。雖寂而常動，故物莫能一；雖動而常寂，故物莫能二。物莫能二，故愈動愈寂，物莫能一，故愈寂愈動。（〈涅槃無名論〉）

以道體來論，是物我冥一的，他說：

> 然則法無有無之相，聖無有無之知；聖無有無之知，則無心於內，法無有無之相，則無數於外。於外無數，於內無心，彼此寂滅，物我冥一，怕爾無朕，乃曰涅槃。（〈涅槃無名論〉）

　　這個涅槃到了僧肇手中，已不再如小乘佛學所說，是死寂的、斷滅的，相反的，卻是一種動靜合一，體用一如的妙道。能夠進入這種妙道的，便是至人，便是聖人。在這裡我們將發現僧肇雖然是一位佛家，他不得不運用佛學的名詞，如涅槃。但他這篇〈涅槃無名論〉，從頭到尾都充滿了老莊的思想，他所追求的最高理境，事實上，仍然離不了老莊的常道。

　　我們從僧肇的四論中，可以看出他的確已用老莊的鑰匙，打開般若的大門，看到了禪道的寶藏。如物不遷已觸及現象的永恆性，心不滯已為「無所住而生其心」的思想開路，至於智無知，道無為，更發揮了「言語道斷，心行處滅」的精神。

　　最後，我們綜合前面所說的，可以得到兩個結論，就是：

　　1.印度最早傳入中國的是禪法，它的深度只能和中國的方術同一層次，後來由於道家的覺醒，才使玄學擺脫了方術，般若代替了禪法，所以早在這個時期的道家思想，已有捨棄印度禪的趨勢。

　　2.由於僧肇的努力，使老莊思想和大乘佛學水乳交融，結成一體。此後，老莊思想便是透過了這方面，去影響禪學的。譬如石頭希遷就是因讀肇論而悟道，寫下了不朽的〈參同契〉。

從這兩點看來，中國禪學的源頭應該從這裡說起。

第四章　禪學形成的兩條路線

　　現在，我們該向僧肇等人揮手道別，由於他們的引導，使我們看見了遙遠的山邊，隱約著禪學的桃花源。不過桃源雖美，並非一步可幾，其間還隔著一片南北朝佛學的桃花林。林中，的確稱得上「芳草鮮美，落英繽紛」，我們要想進入唐代禪學的桃源，還必須在這片爛漫的桃花林中，尋覓徯徑。

　　依據筆者的探尋，通向唐代禪學的途徑有二：一條是達磨所開闢的，這條路線雖為後代禪師所公認，卻很狹窄，而且疑霧甚多。另一條是道生所開闢的，這條路線雖然相當寬大，卻為前人所忽略，因而亟須開發。現在就讓我們在這兩條路線上探測一番。

一、達磨的路線

　　達磨在中國禪學史上，是被公認為舉足輕重的人物，因為依照一般的說法，他是印度禪宗的二十八祖，中國禪宗的

初祖；所以後來的和尚向禪師請教佛法大義時，都依樣葫蘆的問一句：「祖師西來意」。

在這裡，我們也有一問，就是達磨西來前，在印度究竟所學的是什麼禪？西來後，在中國所傳的又是什麼禪？

關於達磨在印度的事蹟非常隱晦，他之被尊為二十八祖，乃是唐代的事。因為神會和尚為了爭道統，而把六世紀尚存在的菩提達磨，誤作五世紀的達摩多羅（註：見胡適〈荷澤大師神會傳〉一文）。達摩多羅是慧遠所譯禪經的作者，也是印度禪燈的承持者，所以這個無意的誤會，便有意的把達磨捲入了印度禪法的系統。

至於達磨和印度禪的關係究竟如何？由於史料的缺乏，我們不得而知。但據道宣在《續高僧傳》中所記載：

> 菩提達磨，南天竺婆羅門種，神慧疏朗，聞皆曉悟。志存大乘，冥心虛寂，通微徹數，定學高之。悲此邊隅，以法相導。初達宋境南越，末又北度至魏，隨其所止，誨以禪教，於時合國盛宏講授，乍聞定法，多生譏謗。（《續高僧傳》卷十九）

從這段記載中，可以看出達磨在印度所學的是大乘思想，而且以禪定之學著稱。不過他的禪定之學，顯然與魏晉流行的禪法不同，否則當他在中國傳法時，大家便不會「乍聞定法，多生譏謗」了。

在當時流行的禪法，主要的，有數息持心的安般守意法門、見白骨死屍的不淨觀法門，以及諦觀佛像的念佛法門。

這些都是印度傳統的禪法。至於達磨的禪定卻比較特殊，乃是一種壁觀的安心法門。他把這種壁觀的法門，分為「理入」和「行入」兩方面，所謂「理入」就是：

> 藉教悟宗（註：由教理以悟佛法），深信含生同一真性，客塵（註：外物也）障故，令捨偽歸真，凝住壁觀，無自無他，凡聖等一，堅住不移，不隨他教，與道冥符，寂然無為，名理入也。（《續高僧傳》卷十九）

這種從「理入」去安心的路，就是要我們徹悟眾生都有佛性，不落人我之見，使心如牆壁，屏息諸緣，而證入無為的實相。在這裡可見達磨的思想，已超出了一般講究方法的禪觀，而進入《楞伽經》所謂「無門為法門」的大乘性空的境界了。

所謂「行入」，又分四種，就是：

> 初，報怨行者，修道苦至，當念往劫捨本逐末，多起愛憎。今雖無犯，是我宿作（註：前世所作之業報），甘心受之，都無怨訴。經云：逢苦不憂，識達故也。此心生時，與道無違，體怨進道故也。
>
> 二，隨緣行者，眾生無我，苦樂隨緣，縱得榮譽等事，宿因所構，今方得之，緣盡還無，何喜之有，得失隨緣，心無增減，違順風靜，冥順於法也。
>
> 三，名無所求行，世人長迷，處處貪著，名之為求。道士悟真，理與俗反，安心無為，形隨運轉。三界皆苦，誰而得安？經曰：有求皆苦，無求乃樂也。

四，名稱法行，即性淨之理也。(以上皆出《續高僧傳》卷十九)(又淨覺《楞伽師資記》說第四條較詳：性淨之理，因之為法。此理眾相斯空，無染無著，無此無彼，經云：法無眾生，離眾生垢故。法無有我，離我垢故。智者若能信解此理，應當稱法而行……為除妄想，修行六度(註：即布施、持戒、忍辱、精進、禪定、智慧)而無所行，是謂稱法行。)

這種從「行入」去安心的路，就是要我們逢苦不憂，處之泰然；遇樂不喜，順其自然；無為無求，不貪不執，乘法而行，以返於本來清淨之自性。這種樂天安命，逆來順受的功夫，乃是達磨一派實踐頭陀行的基礎。它是和「理入」相輔而行，共同去達到真如的境界。

達磨這種壁觀的安心法門，由於和印度傳統佛法，及初入中國的禪法不同，因而有人懷疑它的「語氣似婆羅門外道，又似《奧義書》中所說」(湯用彤語)；有人認為它是佛教在南天竺和錫蘭，與外道教義結合的產物(胡適語)。其實這些對達磨思想本身來說，都是無關宏旨的假設，因為佛學流傳到達磨的時代，已有一千餘年的歷史，其間必然的有許多曲折變化。這正同儒家思想不用說到了隋唐以後，就是在戰國時期，便有孟荀的差別；甚至孔子思想本身，也兼有恬淡無為的道家色彩。所以任何一個學派，在源頭上都避免不了與同時其他各派有相通之處，在發展中也很自然的注入了後繼者自己獨創的見解與方法。同理，達磨思想之所以有這種特殊的色彩，我們與其懷疑他的身分，以為他出於佛學以外的

其他各派，或者是佛學與外道的混血兒，還不如承認他對傳統佛學有一種綜合的創造能力。

就憑著這種能力，使他以大乘性空的「理入」，配合了苦修頭陀的「行入」，而成就了一種特殊的禪定，即是壁觀的安心法門，也由於這種禪定的特殊色彩，使他成為中印思想的關鍵人物，而被後代的中國禪宗奉為祖師。

可是問題到這裡仍然令人頗為費解，因為在達磨以前來中國傳法的禪師有如過江之鯽，精通小乘禪的安世高、康僧會等人不談，就是宣揚大乘禪的，像支讖，支謙，覺賢，竺法護，竺法蘭，鳩摩羅什，曇摩密多，佛陀扇多等人，都以禪法著稱，徒眾數百。為什麼這些人物都與禪宗無關，而偏偏要抬出達磨來當祖師呢？

如果依照胡適在〈楞伽宗考〉一文中所說，認為：

> 菩提達摩教人持習《楞伽經》，傳授一種堅忍苦行的禪法，就開創了楞伽宗，又稱為「南天竺一乘宗」。達摩死後二百年中，這個宗派大行於中國，在八世紀的初年成為一時最有權威的宗派。那時候，許多依草附木的習禪和尚都紛紛自認為菩提達摩的派下子孫。……還有嶺南，韶州，曹侯溪的慧能和尚，他本是從《金剛般若經》出來的，也和楞伽一派沒有很深的關係，至多他不過是曾做過楞伽宗，弘忍的弟子罷了。但是慧能的弟子神會替他的老師爭道統，不惜造作種種無稽的神話，說慧能是菩提達摩的第四代弘忍的「傳衣得法」弟子。於是這一位金剛般若的信徒也就變成楞

> 伽的嫡派了。後來時勢大變遷，神會捏造出來的道統
> 偽史居然成了信史，曹溪一派竟篡取了楞伽宗的正統
> 地位。從此以後習禪和尚又都紛紛攀龍附鳳，自稱為
> 曹溪嫡派，一千多年以來的史家竟完全不知道當年有
> 個楞伽宗了。（《胡適文存》四集卷二）

的確，達磨以楞伽印心，是事實；慧能從《金剛經》以悟道，是事實；神會替老師爭道統，也是事實。不過問題並非如此簡單，這些事實之所以產生了關連，達磨的楞伽宗之所以被慧能的金剛派取代，神會編造的道統史之所以被後代禪宗當作信史，絕不是毫無理由的。而這個理由也不是神會所能捏造的，因為在達磨的思想中，早已潛伏了以後發展的線索。關於這條線索，我們可從兩方面來探討：

（一）達磨的教義與老莊思想共鳴

自魏晉以來，佛學與老莊的結合是思想的主流，這條主流便是通向禪學的大路。不過當時在這條路上斬荊劈棘的，都是中國的和尚，都是偏重於玄理。而達磨卻以一個外來的和尚，在實際修證中，和老莊的人生態度不謀而合。因此使佛學與老莊的相融，更推進了一步，由「理」而及於「行」。

達磨的「四行」中，報怨行與隨緣行，類似莊子「得者時也，失者順也」的思想；無所求行與稱法行，類似老子無為不爭，復歸於樸的思想。依照老莊對人生的看法，始終認為「物不勝天久矣」，一切都有天命的安排，我們處世，只有「知其不可奈何，而安之若命」（《莊子‧人間世》），只有「見

素抱樸，少私寡欲」（《老子》十九章），才能知足常樂，逍遙而遊。達磨在「行入」中所表現的人生態度正是如此。他對於人世的一切苦樂，並不須動刀動斧，宰割以求通。而是從這個心中涵養出一種特殊的定力，使心像峭壁一樣高聳，不被外緣所擾，不為八風（註：利、衰、毀、譽、稱、譏、苦、樂）所動。由於這種態度近乎自然派的思想，所以他開創的楞伽宗便與老莊思想產生了密切的關係。如二祖慧可在未出家以前，根本是一個道家人物，《續高僧傳》說他：「外覽墳素，內通藏典，末懷其道京輦，默觀時尚，獨蘊大照，解悟絕群」（《續高僧傳》卷十九），《景德傳燈錄》說他：「博涉詩書，尤精玄理，而不事家產，好遊山水，後覽佛書，超然自得。」（《景德傳燈錄》卷三）他在寫給當時精通老莊的向居士的信中曾說：

> 說此真法皆如實，與真幽理竟不殊，本迷摩尼（註：光明之珠）謂瓦礫，豁然自覺是真珠，無明智慧等無異，當知萬法即皆如。愍此二見之徒輩，申詞措筆作斯書，觀身與佛不差別，何須更覓彼無餘。（《續高僧傳》卷十九）

這種「無明智慧等無異」、「觀身與佛不差別」的思想，固然是達磨「無自無他，凡聖等一」教義的發揮，但也正是莊子「兩忘而化其道」（《莊子・大宗師》），「天地與我並生，萬物與我為一」（《莊子・齊物論》）的境界。接著三祖僧璨雖然身世不明，《續高僧傳》沒有為他立傳，只是在〈法沖傳〉中附

了「可禪師後，粲禪師」一句話；但相傳他所寫的〈信心銘〉
中，卻到處閃爍著老莊的智慧，如：

> 大道體寬，無易無難，小見狐疑，轉急轉遲，執之失
> 度，必入邪路。放之自然，體無去住，任性合道，逍
> 遙絕惱。
> 夢幻空花，何勞把捉，得失是非，一時放卻。眼若不
> 寐，諸夢自除。心若不異，萬物一如；一如體玄，兀
> 爾忘緣；萬物齊觀，歸復自然。

這種「任性合道，逍遙絕惱」，「萬物齊觀，歸復自然」的境
界，可說已經完全把達磨的教義融入老莊思想中了。

（二）《楞伽經》中已有禪學思想的種子

一般來說，禪學的兩大教條是 「頓悟成佛」，「不立文
字」。這兩點固然是慧能以後的禪宗所特別強調，但在《楞伽
經》中卻早已提出這些問題。

《楞伽經》中曾記載大慧問佛：「云何淨除一切眾生自心
現流？為頓為漸耶？」佛回答大慧說：

> 漸淨非頓，如菴羅果，漸熟非頓；如來淨除一切眾生
> 自心現流，亦復如是，漸淨非頓。譬如陶家造作諸器，
> 漸成非頓，如來淨除一切眾生自心現流，亦復如是，
> 漸淨非頓。譬如大地漸生萬物，非頓生也，如來淨除
> 一切眾生自心現流，亦復如是，漸淨非頓。譬如人學

音樂書畫種種伎術，漸成非頓，如來淨除一切眾生自心現流，亦復如是，漸成非頓。（《楞伽經》卷一）

胡適在〈楞伽宗考〉裡只引證了這段話便說：

這是很明顯的漸法，楞伽宗的達摩不廢壁觀，直到神秀也還要「慧念以息想，極力以攝心」，這都是漸修的禪學。懂得楞伽一宗的漸義，我們方才能夠明白慧能，神會以下的「頓悟」教義，當然不是楞伽宗的原意，當然是一大革命。（《胡適文存》四集卷二）

在這裡，胡適似乎犯了偏舉的毛病，因為接著「漸淨非頓」後，佛又告訴大慧說：

譬如明鏡，頓現一切無相色像，如來淨除一切眾生自心現流，亦復如是，頓現無相，無有所有清淨境界。如日月輪，頓照顯示一切色像，如來為離自心現習氣過患眾生，亦復如是，頓為顯示不思議智最勝境界。譬如藏識（註：又名阿賴耶識，包括心物之一切種子），頓分別知自心現，及身安立受用境界，彼諸依佛，亦復如是，頓熟眾生所處境界。以修行者，安處於彼色究竟天。譬如法佛所作依佛，光明照耀，自覺聖趣，亦復如是，彼於法相有性無性，惡見妄想，照令除滅。（《楞伽經》卷一）

這明明是寫的頓法，卻被胡適一手所抹煞了。事實上，《楞伽經》是一部專門以哲學方法討論許多佛學問題的經典，它的態度是綜合性的，是非常客觀的，所以它一面主張漸修，一面也強調頓悟。雖然以全部內容來看，《楞伽經》是屬於漸修的，因此我們說楞伽宗偏於漸修，也未嘗不可。但卻不能完全忽略了有關頓悟的那段話，因為這是一顆禪學的種子，雖然在楞伽宗上沒有產生太大的作用，可是在慧能以後，卻開了花，結了果。

　　至於「不立文字」的教義，在《楞伽經》中也有明白的記載：

> 大慧，一切言說，墮於文字，義則不墮，離性非性故，無受生，亦無身。大慧，如來不說墮文字法，文字有無，不可得故，除不墮文字。大慧，若有說言，如來說墮文字法者，此則妄說，法離文字故。是故大慧，我等諸佛及諸菩薩，不說一字，不答一字，所以者何，法離文字故，非不饒益義說，言說者，眾生妄想故。大慧，若不說一切法者，教法則壞，教法壞者，則無諸佛菩薩緣覺聲聞，若無者，誰說為誰，是故大慧，菩薩摩訶薩，莫著言說，隨宜方便，廣說經法，以眾生希望煩惱不一故，我及諸佛，為彼種種異解眾生，而說諸法，令離心意意識故，不為得自覺聖智處。(《楞伽經》卷四)

雖然《楞伽經》中仍因襲著「一百八義」的煩瑣思想；雖然

依慧可的懸記，認為：「此經四世之後，變成名相，一何可悲」（《續高僧傳》卷十九）；雖然楞伽宗到後來也走入講說註疏的舊路。但這些都不能掩蓋了《楞伽經》中有關「不立文字」的教義。如果我們把上面這段話，與慧能在《壇經》中所說「不立文字」的意思比較的話，我們便有足夠的理由相信：慧能的思想也是受到《楞伽經》的影響。因為他和《楞伽經》一樣，把「不立」，解作「不依」、「不著」，而沒有拋棄經書的意思。所以單就「不立文字」這一點來論，我們與其說是慧能革了達磨的命，還不如說是宋代許多偏激的禪師歪曲了慧能的思想。

由於以上兩種原因，可見達磨之被後代禪宗所推崇，絕不是神會一手捏造的。儘管其間不免有許多過分誇張，或歪曲事實的地方；但從達磨到慧能，從宗奉《楞伽經》的「北宗」到宗奉《金剛經》的「南宗」之間，仍然有一條只可容足的羊腸小徑。

不過這條羊腸小徑，正如禪宗所謂的「一脈單傳」，實在太狹小，太難走了。試看他們傳法的故事，自慧可傳給僧璨，《續高僧傳》只在〈法沖傳〉中記載了「可禪師後，璨禪師」一句話。自僧璨傳給道信，《續高僧傳》中卻根本沒有記載，只有依靠〈道信傳〉中：「又有二僧，莫知何來，入舒州皖公山靜修禪業，（信）聞而往赴，便蒙授法」（《續高僧傳》卷二十六）的這段話，推測其中必有一僧是道信。至於在思想方面，道信和弘忍都沒有著作流傳，除了一些懸記和單傳的故事外，也沒有代表其思想精神的語錄。這在通向禪學的路途上，無異是一段峭壁。所以達磨的路線，雖然是被公認的道

統，但卻並不寬大。這正同古人科學工具不發達，常常在羊腸小徑中摸索，而今人卻可以憑藉飛機的高空探測，作全盤的觀察。發現羊腸小徑並非唯一的路，就在小徑旁邊，還有一條大路，只要把路上一二處障礙掃通，便可直達目的。這條大路，就是以中國佛學為主的道生路線。

二、道生的路線

在這條路線上，我們所以選道生為第一人，乃是因為從魏晉以來，般若和玄學的結合，到僧肇手中，已發展至登峰造極的境地。此後緊接著印度佛教的玄學化，必然會脫胎換骨，而有純粹中國佛學的產生。但在中國佛學脫胎換骨之際，由於中印文化背景，思維方式的不同，也必然的會發生磨擦。這種磨擦可以說是中國佛學掙脫印度的樊籬，另謀發展的一種挑戰，而道生便是吹起第一聲號角的先鋒。

道生在這條路線上的貢獻，可以歸納為三點：

（一）集當代佛學的大成

一個人要想真正能擺脫某種他所屬的傳統學說的束縛，而另創新思想的話；他必須先對這種傳統的學說有深切的了解，全盤的認識。由融會，而批評，而創造。道生便是具備了這一條件的人物。

據《高僧傳》的記載，說他：

後值沙門竺法汰，遂改俗歸依，伏膺受業。既踐法門，

儁思奇拔，研味句義，即自開解。故年在志學，便登
講座，吐納問辯，辭清珠玉，雖宿望學僧，當世名士，
皆慮挫詞窮，莫敢訓抗。年至具戒，器鑒日深，性度
機警，神氣清穆。初入廬山，幽棲七年，以求其志，
常以入道之要，慧解為本，故鑽仰群經，斟酌雜論，
萬里隨法，不憚疲苦。後與慧叡、慧嚴，同遊長安，
從什公受業，關中僧眾，咸感神悟。（《高僧傳》卷七）

　　在這段記載中，雖然看不出他和老莊思想有什麼明確的
關係，但他初期的老師法汰，是道安的朋友，也能「含吐蘊
藉，辭若蘭芳」（《高僧傳》卷五），他的同學曇壹、曇貳也是
「並博練經義，又善《老》《易》，風流趣好，與慧遠齊名」
（《高僧傳》卷五），而他自己更是「辭清珠玉」，使當世名士
折服。由此可見他在早期跟法汰學般若，又喜歡和名士辯答，
仍然徘徊在般若和玄學之間。
　　大致在道生以前的佛學有兩派，一是安世高所傳的小乘
禪經；一是鳩摩羅什所弘的大乘佛學，而道生對這兩方面都
有師承。據道生誄文中說他：

中年遊學，廣搜異聞。自揚徂秦，登廬躡霍，羅什大
乘之趣，提婆小道之要，咸暢斯旨，究舉其奧。（《廣
弘明集》）

　　道生去廬山時，正是僧伽提婆受慧遠之邀，在廬山講解
禪經，並譯《阿毘曇心》。所以道生和慧遠共事提婆，學習小

乘思想，後來慧遠在廬山注重禪法而修淨土。由此，道生和
當代禪法的關係，也可想而知了。

　　後來道生又到長安去做鳩摩羅什的門生，遍學大乘各種
經典。尤其對羅什所譯的《維摩經》和《法華經》最有心得，
而替這兩部經典各作了一部義疏。《法華經》是天台宗的根
據，《維摩經》卻影響了後代的禪宗。今天有關道生的著作大
半散佚，賴以了解道生思想的，只有靠這兩部義疏了。

　　在羅什門下時，道生便和僧肇相交甚善。道生曾把僧肇
的〈般若無知論〉拿去給劉遺民看；而僧肇在寫給劉遺民的
覆信中，也表示他們「言語之際，常相稱詠」。最重要的是他
們各注《維摩經》。《高僧傳》說：

> 初，關中僧肇始注《維摩》，世咸玩味。生乃更發深
> 旨，顯暢新典，及諸經義疏，世皆寶焉。(《高僧傳》
> 卷七)

由此可見他們思想的近似了。僧肇不幸短命（註：死時三十一
歲），而他多活了二十年（註：僧肇死於西元四一四年，道生死
於西元四三四年），所以他能繼僧肇之後，而有更高的表現。

　　就在這多活的二十年中，他見到了僧肇所見不到的東西，
就是《大般涅槃經》的傳入。這部經典不僅印證了他的思想，
使他越出了般若的範圍，成為涅槃之聖；而且也轉變了魏晉
以後的整個思想趨勢。使般若的真空，變為涅槃的妙有。至
於道生則先學般若，後得涅槃，真空妙有，契合無間，自然
不同於僧肇，而成為集當代佛學大成的人物了。

（二）創中國佛學的新境

　　道生雖然集當代佛學的大成，但他絕不是一個墨守經義，替前人作註解的和尚，他有中國文化的涵養，他有自己獨立的思想。他把所承受的印度佛學拿來當柴燒，以鑄鍊堅固的中國佛學。為了這一點，使他遭受當時一般和尚的嫉妒和排斥，《高僧傳》中曾寫出了他的這段經過：

> 六卷《泥洹》（註：即《涅槃》）先至京都，生剖析經理，洞入幽微，乃說一闡提人皆得成佛。於是大本未傳，孤明先發，獨見忤眾，於是舊學以為邪說，譏憤滋甚，遂顯大眾，擯而遣之。……後《涅槃》大本至於南京，果稱闡提悉有佛性，與前所說，合若符契。（《高僧傳》卷七）

　　所謂「闡提」是指惡根難斷，不能成佛的人，這在當時的所有經典中，都如此的肯定。可是道生為什麼敢違背經義，不顧眾議，斷然的認為「一闡提人皆得成佛」呢？這並非他真有神通，看見了尚未傳入的《大般涅槃經》中，早已有這種說法，而是由於他透過了中國思想的境界，知道如果佛學真有大乘精神的話，必然會有這樣的結論。

　　然而單單說了「一闡提人皆得成佛」這句話，即使和當時的經義有點不同，又何至於惹得群情「譏憤滋甚」、「擯而遣之」呢？顯然問題並非如此簡單，這件事情只是一個導火線而已。據《高僧傳》說他：

> 校閱真俗,研思因果,迺言善不受報,頓悟成佛。又
> 著〈二諦論〉、〈佛性當有論〉、〈法身無色論〉、〈佛無
> 淨土論〉、〈應有緣論〉等,籠罩舊說,妙有淵旨,而
> 守文之徒,多生嫌嫉,與奪之聲,紛然競起。(《高僧
> 傳》卷七)

　　他所寫的這些論文,雖然現在都已散佚,我們無法考證
其內容;但從名稱上看來,都是對傳統的印度佛學具有挑戰
性的文章,又豈止是「籠罩舊說」而已。在他以前的佛學著
作中,除了僧肇的四論,還帶有一點銳敏的新見解外,根本
沒有第二人,像他一樣,敢用這些充滿了刺激性的名詞。

　　道生之所以如此,並非由於他的個性剛烈,喜露鋒芒;
而是因為他的血液裡沸騰著中國佛學的思想,使他不得不和
傳統的印度佛學發生了磨擦。他的這些論文,便是磨擦時所
放的光,所發的熱。也就是象徵著中國的佛學將要像山雨欲
來時的那一陣雷聲和閃電。

(三) 開後代禪學的先聲

　　道生思想與傳統佛學最大的不同,與當代佛家最大的爭
執,就在頓悟成佛之說;而這一說法,也正是揭開此後數百
年禪學大盛的先聲。

　　在道生以前,頓漸兩字本常見於經論。如《楞伽經》中
便有大慧問佛「為頓為漸」的話,祐錄釋慧遠作〈修行方便
經統序〉中,也提到達摩多羅與佛大先弘教的不同,在於頓
漸的差別。至於中國和尚討論到頓漸問題的,據劉虬在〈無

量義經序〉中所說，認為以支道林和道安為最早。後來慧達
在《肇論疏》中，又有大小頓悟之分。把支道林、道安、慧
遠、埵法師，及僧肇等人歸入小頓悟，而以道生為大頓悟。
其實在道生以前的這些頓悟學說，都是猶有階梯，不夠究竟
的，如慧達《肇論疏》說：

> 小頓悟者，支道琳師云，七地始見無生。彌天釋道安
> 師云，大乘初無漏慧，稱摩訶般若，即是七地。遠師
> 云，二乘未得無有（註：疑是生字），始於七地，方能
> 得也。埵法師云，三界諸結，七地初得無生，一時頓
> 斷，為菩薩見諦也。肇法師亦同小頓悟義。

這裡所指的「七地」，是指成就大乘菩薩的十個階段（註：即
十地，也稱十住）中的第七個階段。支道林等認為達到「七
地」後，雖功行未滿，但道慧已足，自能悟其全面。這種說
法顯然是有漏洞的，因為在「七地」上頓悟後，那麼剩下的
三地，究竟是靠修，還是靠悟呢？如果靠修，豈非頓悟之後，
階梯仍然存在。如果靠悟，則剩下的三地根本是多餘的，豈
非引用經文，又違背了經義嗎！所以支道林等的頓悟，實際
上仍然是囿於漸修。最多只是一種漸悟而已。

　　至於道生論頓悟的文字，現已散佚。據慧達《肇論疏》
中曾引述他的思想說：

> 竺道生法師大頓悟云：夫稱頓者，明理不可分，悟語
> 極照。以不二之悟，符不分之理。理智恚？（註：此字

不明）釋，謂之頓悟。見解名悟，聞解名信。信解非
真，悟發信謝。理數自然，如菓就自零。悟不自生，
必藉信漸。用信偽（註：此字疑有誤）惑，悟以斷結。
悟境停照，信成萬品，故十地四果，蓋是聖人提理令
（註：本為今字）近，使夫（註：疑有脫誤）者自強不
息（註：本為見字）。

道生雖然也不廢漸修，認為「悟不自生，必藉信漸」；但他卻
把悟和信分得很清楚，「見解名悟，聞解名信」，見解即是直
接的自證，聞解便是間接的知識。在悟道以前，固然需要聞
解的幫助，可是在入道之時，卻能活潑潑的自見自證。所以
頓悟是不二的法門，必須掃盡一切階梯，才能豁然洞達。

　　道生這種思想不是由研讀印度的經典得來，而是別有會
心之處，《高僧傳》曾寫下他的悟道因緣：

生既潛思日久，徹悟言外，迺喟然歎曰：「夫象以盡
意，得意則象忘，言以詮理，入理則言息；自經典東
流，譯人重阻，多守滯文，鮮見圓義；若忘筌取魚，
始可與言道矣。」於是校閱真俗，研思因果，迺言善
不受報，頓悟成佛。（《高僧傳》卷七）

這會心之處，似乎在莊子思想中可以找到了共鳴。

筌者所以在魚，得魚而忘筌；蹄者所以在兔，得兔而
忘蹄；言者所以在意，得意而忘言。吾安得忘言之人

　　而與之言哉！(《莊子・外物》)

莊子的慨歎，總算在七百年後，找到了一位難得的知音——
道生。因為道生的思想中，到處充滿了老莊的色彩，如：

　　真理自然。(《涅槃集解》卷一)
　　反迷歸極，歸極得本。(《涅槃集解》卷一)
　　至像無形，至音無聲，希微絕朕之境，豈有形言哉。
　　(《法華經義疏》)

至於道生的慨歎，卻影響了此後七百多年的禪宗歷史。因為
不僅他的頓悟成佛論，是禪宗的先聲；而且他的思想中，到
處散布了禪學的種子，如：

　　萬法雖異，一如是同。(《法華經義疏》)
　　一切眾生，莫不是佛，亦皆泥洹。(《法華經義疏》)
　　夫體法者，冥合自然，一切諸佛，莫不皆然，所以法
　　為佛也。(《涅槃集解》卷五十四)

由此可見道生思想與老莊及禪學之間的密切關係了。我們也
可以說他的思想是由老莊通向禪學的大路。
　　這條大路雖然不像達磨的路線一樣，有人替它立路標，
修道統。但由於它的寬暢平坦，反而不需要路標，不需要道
統。因為它是以中國佛學為路基，所以到處都有路可走，到
處都照亮著老莊的路燈，指示我們如何通向禪學。

　　道生的思想正像一陣和暖的春風，吹開了路旁無數美麗芬芳的花朵。但我們「依法不依人」，無須像《傳燈錄》一樣，也來編本《傳花錄》。因為在這條路線上，百花齊放，每朵花蕊中，都承受了老莊的雨露，都洋溢著禪學的生意。

　　在《景德傳燈錄》中，曾把寶誌、傅大士、慧思、智顗、法雲、僧伽、豐干、寒山、拾得、布袋等十人，列為禪門的達者，這是因為他們的思想中都含有濃厚的禪味。可是以達磨的路線看來，他們都與道統無關，尤其慧思和智顗，根本是天台宗的祖師，放在禪宗史中，豈非有點不倫不類？為了這個原因，所以《傳燈錄》的作者用心良苦，只得把他們放在卷後，而稱為「禪門達者雖不出世有名於時者」。

　　其實如果我們以道生的路線來看，這些都不成為問題。因為在道生以後，凡是在中國佛學的園地內，用老莊思想灌溉這顆禪學種子的人，都是道生的後繼者，都是禪學的開拓者。如寶誌的：

> 動靜兩忘，常寂自然，契合真如。若言眾生異佛，迢迢與佛常疏。佛與眾生不二，自然究竟無餘。
> 眾生迷倒羈絆，往來三界疲極，覺悟生死如夢，一切求心自息，悟解即是菩提，了本無有階梯。

傅大士的：

> 有物先天地，無形本寂寥，能為萬象主，不逐四時凋。
> 了本識心，識心見佛，是佛是心，是心是佛，念念佛

心，佛心念佛。

慧思的：

> 頓悟心源開寶藏，隱顯靈通現真相，獨行獨坐常巍巍，
> 百億化身無數量，縱令逼塞滿虛空，看時不見微塵相，
> 可笑物今無比況，口吐明珠光晃晃，尋常見說不思議，
> 一語標名言下當。

布袋的：

> 是非憎愛世偏多，仔細思量奈我何，寬卻肚腸須忍辱，
> 豁開心地任從他，若逢知己須依分，縱遇冤家也共和，
> 若能了此心頭事，自然證得六波羅（註：即六度）。

從這些偈語中，到處都可以看到老莊的自然無為，道生的頓悟成佛，和禪學的心佛不二。所以儘管他們之中，有的以神通著名（如寶誌）、有的擅長止觀（如慧思、智顗）、有的是半個道士（如傅大士）、有的是半個瘋和尚（如寒山、拾得、布袋），但他們都共同的燃著薪火，去點亮禪燈。

　　問題到這裡已很顯然，我們之所以要開拓道生這條路線，不僅因為它比達磨的傳法系統要寬大，要源遠流長；而且像慧可、向居士、僧璨、法沖等人，也都可包括在這一路線之中。尤其自慧能以後的禪學，正如一條水勢洶湧的怒潮，這一怒潮的源流必定是壯闊的，否則便不可能這樣平地拔起，

一瀉千里。所以我們用道生這一條寬大的中國佛學去作為它的源流，要遠比一脈單傳，苦修頭陀，為時短促的達磨系統更為合情合理了。

第五章　禪學開展的三大浪潮

　　現在，我們已循著道生的路線，經過了南北朝，面臨著的，便是中國佛學的黃金時代——唐代。

　　這時，印度佛學雖然像萬川競流般注入了中國，但由於中國和尚的融會和整理，使經與經的相承，義與義的相合，而形成了十三個宗派。後來又兼併為十個宗派，即是俱舍宗、成實宗、三論宗、法相宗、天台宗、華嚴宗、淨土宗、律宗、密宗和禪宗。其中，像俱舍和成實兩宗，是屬於小乘教派，雖然創建於魏晉，但由於不能適應中國思想的需要，所以到後來便一直沒有發展。另外八宗都是屬於大乘的教派。其中，像密宗是披上了神祕教的外衣，律宗則專重戒律和修持，用於僧侶生活方面，淨土宗提倡念佛，只適應於民間，這些都與思想沒有深切的關係。至於三論宗固然盛極一時，後來又融入了天台宗。所以在這十宗裡，真正能發揮佛學思想的，只有四宗。而在這四宗裡，法相宗是屬於印度的教派，因此真正由中國和尚所獨創，是純粹中國佛學的，卻只有天台、

華嚴和禪宗。

在這三宗鼎立的局面下，我們要真正了解禪宗的開展，還必須先認清它與天台、華嚴宗的關係。

道生在羅什門下，曾習般若三論，是三論宗初期的大師；他自己又學《涅槃》，成為涅槃宗的聖祖。後來三論宗和涅槃宗都融入了天台宗。道生所註疏的《法華經》也是天台宗的寶典，天台宗的祖師慧思和智顗又被稱為禪門的達者。由此可見禪宗與天台宗之間關係的密切了。至於禪宗與華嚴宗的關係，雖不如天台宗那樣密切，但普願曾習華嚴，澄觀也通禪理。而且華嚴的「事事無礙」、「性海圓融」的境界，也是禪學之所本。如僧璨〈信心銘〉中的「一即一切，一切即一」便和《華嚴經》中的「一即是多，多即是一」完全契合。由此可見它們理境的相通。所以後來宋代的禪師延壽在一百卷的《宗鏡錄》中，便把天台、華嚴和禪理融成了一體。

也許在這裡有人要問：禪宗既然「不立文字，教外別傳」，為什麼又與天台宗有密切的關係、與華嚴宗有相通的理境呢？其實這問題很顯然，前人早已有解答；道生的頓悟要「必藉信漸」，達磨的理入要「藉教悟宗」，這都是說明悟不離信，禪不離教。因為禪宗對宇宙人生的看法，本與大乘佛學沒有二致。更何況天台和華嚴都是中國的佛學，它們都是同胞兄弟，當然有密切的關係，有相通的地方。

不過我們要特別強調的是：禪宗和天台、華嚴，甚至其他大乘各宗相同相通之處，乃是在於理境上，而不是在方法上。在理境上，它們都爬到了「百尺竿頭」。可是在方法上，其他各宗都仰止於「百尺竿頭」，而禪宗卻要「更進一步」。

就靠這一步跨了出去，使禪宗的精神與其他各宗完全不同，使它不再受「百尺竿頭」的限制，而活潑潑的自在無礙。這是禪宗之所以藉信而離信，藉教而離教；也是禪宗之所以包括萬法，而又超越萬法了。

本來，禪宗和天台、華嚴宗，都是中國的佛學，都是生長在同樣的泥土裡；而禪宗之所以能「更進一步」，跨出了「百尺竿頭」，有兩個因素。一個因素是由僧肇、道生等人把老莊思想融入大乘佛學中，去滋潤禪學的種子。另一個因素就是慧能思想的質樸無華，使老莊思想的活動可以自由無礙，使禪學的種子更易茁長壯大。

老莊思想在慧能思想中的含蘊默潛，這是禪學開展中的第一個浪潮。

一、含蘊默潛

慧能本不識字，是嶺南新州的一個樵夫。在唐初，嶺南一帶還是文化未開的地區，而慧能以一個南蠻鴃舌之人，居然登上了佛學的獅子座，成為中國禪學的領導人物，這不是神話，不是偽史，也不是巧遇。而是歷史的任務，交給了慧能。唯有像慧能這樣一個不識文字，而自具智慧的人，才能現身說法，成為直探本心的禪宗之祖；也唯有像慧能這樣一個鄉村的樵夫，而又有驚人的氣魄，才能掙脫傳統佛學的束縛，開展山林農村的平民佛學。

禪學，在慧能之前，雖然已有許多人的努力灌溉，但他們的成就顯然與慧能所開創的頓教，還有一大段的距離。如

達磨的行入與理入的禪，還是跡同小乘的禪觀法門，道信曾
教人「長坐不臥，繫念在前」（《續高僧傳》），直到神秀也還
是「慧念以息想，極力以攝心」（張說〈大通禪師碑〉）。這些
都是慧能所批評的住心坐禪。在《壇經》中曾記載神秀派門
人志誠去曹溪聽法，被慧能識破而考問：

> 師（慧能）曰：「汝師（神秀）若為示眾？」（志誠）
> 對曰：「常指誨大眾，住心觀淨，長坐不臥。」師曰：
> 「住心觀淨，是病非禪。長坐拘身，於理何益？聽吾
> 偈曰：生來坐不臥，死去臥不坐，元是臭骨頭，何為
> 立功課。」（《六祖壇經‧頓漸品》）

從這段記載中，可見慧能對神秀一派偏重禪定的批評。

　　至於道生的思想，雖然已有頓悟之論，但與慧能的頓悟
也有所不同。因為他是「以不二之悟，符不分之理」。主張
「悟不自生，必藉信漸」。而慧能的頓悟卻是「不執外修，但
於自心常起正見」（《六祖壇經‧般若品》）。主張「但用此心，
直了成佛」（《六祖壇經‧自序品》）。所以道生悟的是佛理，
仍然是靠「信漸」的幫助。而慧能悟的是自心，完全是「直
了」的頓教法門。

　　在道生以後，有寶誌等人，也批評禪定。如：

> 欲容入定坐禪，攝境安心覺觀，機關木人修道，何時
> 得達彼岸。

也觸及自心是佛，如：

> 若欲存情覓佛，將網山上羅魚，徒費功夫無益，幾許
> 枉用功夫。不解即心即佛，真似騎驢覓驢。

如果我們把寶誌的作品和後代的禪學比較，單就文字所表現的思想來論，簡直沒有什麼差別。但就精神氣質和領悟的境界來說，卻有一大段距離。因為它們思想中的佛學和老莊，都是經過玄學化了的，所以它們的禪學仍然是一種理。這與後代那種從生活中磨鍊出來的真參實證的禪道，是有所不同的。

這段距離，這種不同，完全是由慧能一手所造成的。

慧能之所以有這種手法，妙就妙在他的質樸無文。因為他早期未曾讀過書，念過經，所以不受六朝纖靡的文風所影響，不為傳統煩瑣的佛學所束縛；而能直接從方寸的心田中，發般若的正見；從實際的生活中，透露中國思想的精神。他的存在，猶同一段澄清無波而堆積著沙石的河床，使僧肇、道生、寶誌等人的思想通過以後，便默默的被淨化，洗盡了書卷氣，玄學味，而成為平易近人的慧能禪。

慧能禪固然是綜合了儒道佛三家思想的結晶，但它對此後禪學開展上最大的貢獻，卻是使老莊思想在禪學中生了根。因為老莊思想本是中國人生活的一種智慧，可是不幸被魏晉的名士們談玄了，變成為一種思想的遊戲。當時與般若結合的，便是這種玄學的老莊。後來道生等人雖然已逐漸擺脫玄學，但對老莊的體認，仍然限於思想，未能深入的去運用。

至於慧能卻不然，他並不是讀了老莊的書，才有老莊的思想，而是他所運用的智慧，正好和老莊的相同。所以這種本來具有，才是真正的所有。唯其如此，才能使老莊思想在禪學中生根，才能使老莊思想成為禪學的一個不可分的部分。

由於慧能禪中的老莊思想，是先天具有的一種智慧，所以在運用上是非常自然，非常深切的，我們可以從三方面得到印證：

（一）對法相因

道生等人雖然已為禪學鋪路，但都偏於文字方面，都只是頓悟成佛的「論」而已，並未觸及實際修證的教法。到了慧能手中，才真正開創了頓悟法門，才具體確立了此後禪宗所運用的接引方法。他曾教門人說：

> 若有人問汝義，問有將無對，問無將有對，問凡以聖對，問聖以凡對。二道相因，生中道義。汝一問一對，餘問一依作此，即不失理也。設有人問何名為暗，答云：明是因，暗是緣，明沒則暗，以明顯晦，以暗顯明，來去相因，成中道義，餘問悉皆如此。汝等於後傳法，依此轉相教授，勿失宗旨。（《六祖壇經・付囑品》）

在中國佛學裡，用這種相反的對答作為正式教授法的，可說以慧能為第一人。這種方法乃是用現象界的相對，以破兩邊的執著。這正同老子的變道，凡是一般人所追求的，如剛強、

美好、富貴、智慧、幸福等，他都加以破斥，認為「堅強者死之徒」（《老子》七十六章），「貴以賤為本」（《老子》二十九章），「智慧出有大偽」（《老子》十八章），「福兮禍之所伏」（《老子》五十八章），「天下皆知美之為美，斯惡已」（《老子》二章）。

慧能曾把現象界的相對性，歸納為三類，三十六種：

> 外境無情五對：天與地對，日與月對，明與暗對，陰與陽對，水與火對，此是五對也。法相語言十二對：語與法對，有與無對，有色與無色對，有相與無相對，有漏與無漏對，色與空對，動與靜對，清與濁對，凡與聖對，僧與俗對，老與少對，大與小對，此是十二對也。自性起用十九對，長與短對，邪與正對，癡與慧對，愚與智對，亂與定對，慈與毒對，戒與非對，直與曲對，實與虛對，險與平對，煩惱與菩提對，常與無常對，悲與害對，喜與瞋對，捨與慳對，進與退對，生與滅對，法身與色身對，化身與報身對，此是十九對也。（《六祖壇經·付囑品》）

這三十六對法，即是把宇宙人生的現象劃分為三十六種範疇，而每一範疇都是由相應相因的兩種相反的作用所構成。這在慧能以前的佛學中是根本沒有的，就拿法相宗的百法來說，無論是心法，或色法，一法只有一法的作用，並沒有強調其間的相對性。但在老子思想中卻可以找到和慧能相同的說法，如陰陽、明昧、有無、難易、長短、高下、前後、巧拙、榮

辱、貴賤、禍福、生滅、為無為、事無事、知不知、爭不爭
等約有五十餘對。雖然我們不能據此而武斷的說，慧能的對
法是出於老子的變道；但我們卻可以肯定的說，他們的思想
路線是非常相近的，因為了解宇宙人生的相對性，這本是中
國古老的一種智慧，而慧能和老子只是在同一智慧之流中所
開的異代的花而已。

（二）善惡雙離

不過慧能這種對法，是用而非體，是方便而非究竟。他
所謂：「問有將無對，問無將有對」，並非要我們徘徊於有無
兩邊，而是為了「二道相因，生中道義」，所以他在列舉了三
十六對法後，便接著說：

> 若解用即道貫一切經法，出入即離兩邊，自性動用，
> 共人言語，外於相離相，內於空離空，若全著相，即
> 長邪見，若全執空，即長無明。（《六祖壇經・付囑
> 品》）

這三十六對法的真精神就在一個「離」字，而這個「離」字
在慧能思想中又有其特殊的意義。因為傳統佛學的基本態度
總是建築在善有善報的觀念上，總是要我們離惡向善，離邪
趨正。而慧能不僅和道生一樣的主張「善不受報」，並且更進
一步強調善惡邪正，都要一齊放卻。他說：

> 一切善惡，都莫思量，自然得入清淨心體。（《六祖壇

經‧護法品》）

　　邪來煩惱至，正來煩惱除，邪正俱不用，清淨至無餘
　　（註：無餘涅槃，即不生不滅之境也）。（《六祖壇經‧般
　　若品》）

在《百法明門論》中，善法包括精進、無貪、行捨、不害等。
煩惱包括貪、瞋、癡、慢等。為什麼慧能連善也不思，連正
也不用呢？其實慧能並非反對善法，希望煩惱；而是因為善
和正都是現象界的相對法，到了本體界，進入絕對的真心，
自然要把相對的法一齊掃卻。所以他在大庾嶺上曾開悟惠明
說：

　　不思善，不思惡，正與麼時，那個是明上座本來面目？
　　（《六祖壇經‧自序品》）

後來看到各宗問難，是非混淆，便對學生說：

　　學道之人，一切善念惡念，應當盡除，無名可名，名
　　於自性，無二之性，是名實性。（《六祖壇經‧頓漸
　　品》）

在這裡可以看出慧能所要離棄的是那個思善思惡的「思」，善
念惡念的「念」。因為思和念都是後天的經驗，而不是本來面
目；都是相對的觀念，而不是無二的自性。所以必須加以掃
蕩，才能證入真如。

　　慧能這種善惡雙離的思想，對傳統佛學來說，固屬創見，但在老莊思想中卻極為普遍，如：

　　　　知其榮，守其辱，為天下谷，為天下谷，常德乃足，
　　　　復歸於樸。(《老子》二十八章)
　　　　泉涸，魚相與處於陸，相呴以濕，相濡以沫，不如相
　　　　忘於江湖。與其譽堯而非桀，不如兩忘而化其道。(《莊
　　　　子‧大宗師》)

因為老莊思想都是有常有變。在變道上，固然要知榮守辱，處弱不爭；而在常道上，卻要是非兩忘，返真歸樸。這個樸，就是本來的面目，就是無二的自性。所以慧能這種善惡雙離的說法，和老莊思想是步調相同的。

（三）道在自然

　　慧能的思想從對法相因到善惡雙離，這是由相對而相捨，在表面上仍然屬於現象界和方法論，可是實際上當他一觸及道體時，便立刻化現象為本體，融方法於無住。這時，以前的相對變為絕對，相捨變為相即。這就是頓悟，這就是禪學的精神。

　　然而慧能之所以有這種境界，並非由於他有什麼特殊的功夫和方法。相反的，他根本不談功夫，不用方法，只是「憎愛不關心，長伸兩腳臥」(《六祖壇經‧般若品》)，一切順乎自然而已。所以當一位和尚向他介紹臥輪禪師的一首偈子，該偈說：

　　臥輪有伎倆，能斷百思想，對境心不起，菩提日日長。

他覺得這首偈子尚未悟道，便也作了一首說：

　　慧能沒伎倆，不斷百思想，對境心數起，菩提作麼長。

　　在慧能眼中，現象界的一切都是自然的，並無所謂善惡、美醜的不同。只因為我們的心中起了執著，才有這許多相對的差別。而且在現象外，也別無道體可言，因為現象和道體猶如一物的兩面，迷時即現象，悟時即道體，由於這個原因，所以我們求道，不必規避外境，不必多立法門，只要消除心中的執著，處相對而無住於相對，使吾心與萬物同遊於自然，而一無掛礙，這便是解脫，這便是道體，正如他所說：

　　世人若修道，一切盡不妙，常自見己過，與道即相當。
　　色類自有道，各不相妨惱，離道別覓道，終身不見道。
　　（《六祖壇經‧般若品》）

　　慧能這種態度顯然與老莊的思想路線又不謀而合了。老子的道雖然「玄之又玄」（《老子》一章），但玄到最後，仍然是「道法自然」（《老子》二十五章），「復歸於樸」（《老子》二十八章）。莊子的道雖然「獨與天地精神往來」（《莊子‧天下》），但往來以後，又回返人間，「不譴是非，以與世俗處」（《莊子‧天下》）。他們之所以有這一回轉的作用，理由很簡單，因為中國的自然思想，總是捨人為而返本真，化玄妙而

為平實的。

由於慧能也生長在中國的泥土上，不期而然的吸取了自然的思想，所以他把傳統佛學中那個懸得太高的道體，拉回人間，納入了這個方寸的心中，他說：

> 汝等諸人自心是佛，更莫狐疑，外無一物而得建立，皆是本心生萬種法。故經云：心生種種法生，心滅種種法滅。若欲成就種智，須達一相三昧（註：定境也），一行三昧。若於一切處而不住相，彼相中不生憎愛，亦無取捨。不念利益成壞等事，安靜閑恬，虛融澹泊，此名一相三昧。若於一切處，行住坐臥，純一直心，不動道場，真成淨土，名一行三昧。

從這段話中，可以看出慧能禪的整個間架是建築在自然的基礎上，他用「安靜閑恬，虛融澹泊」的老莊思想，去達到「純一直心，不動道場」的禪學境界，其手法的高明，真可謂羚羊掛角，無跡可尋了。

前面所述的三點，如果依照觀念的分析，似乎有三個層次，最先是就現象而破現象，其次是求本體而捨本體，最後是不捨不破，性相如如。但在慧能的思想中，這三個層次都只是一種方便，都只是一個頓悟的法門。而他之所以成為中國禪學的一代宗師，也就由於這種方便是運用老莊的思想；這個法門被後代的禪宗在「無門為法門」中，當作唯一求道和傳道的方法。

自慧能以後，他的門人據《景德傳燈錄》的記載，有四

十三人，但較為著名的，只有懷讓、行思、本淨、玄覺、慧
忠及神會等人。其中，懷讓和行思是禪燈的承繼者，神會是
替南宗爭道統的先鋒，但他們在思想方面都被慧能所掩蓋，
並沒有特殊的成就。雖然胡適曾替神會喊冤說：

> 神會費了畢生精力，打倒了北宗，建立了南宗為禪門
> 正統，居然成了第七祖。但後來禪宗的大師都出於懷
> 讓和行思兩支的門下，而神會的嫡嗣，除了靈坦，宗
> 密之外，很少大師。臨濟、雲門兩宗風行以後，更無
> 人追憶當日出死力建立南宗的神會和尚了。在《景德
> 傳燈錄》等書裡，神會只佔一個極不重要的地位。他
> 的歷史和著述，埋沒在敦煌石室裡，一千多年中，幾
> 乎沒有人知道神會在禪宗史上的地位。歷史上最不公
> 平的事，莫有過於此事了。然而神會的影響始終還是
> 最偉大的、最永久的，他的勢力在這一千二百年中始
> 終沒有隱沒，因為後世所奉為禪宗唯一經典的《六祖
> 壇經》，便是神會的傑作。《壇經》存在一日，便是神
> 會的思想勢力存在一日。(《胡適文存‧荷澤大師神會
> 傳》)

胡適這段話未免過分替神會宣傳了，因為《壇經》正像《論
語》一樣是由弟子輯錄的。我們既然不因《論語》是出於孔
門弟子的手筆，便認為《論語》是孔門弟子的思想；那麼我
們又有什麼理由因「《壇經》是出於神會或神會一派的手筆」
(胡適語)，便斷定《壇經》中思想都是神會的，甚至說：

「其說具在，今布天下，凡言禪皆本曹溪，其實是皆本於荷澤。」（《胡適文存‧荷澤大師神會傳》）

我們並不否認神會在替南宗爭道統上的一點汗馬功勞，但那對於禪學思想來說，卻是無關緊要的。因為中國禪學的開展是自然形成的，並不是靠一、二人用革命的手段所能創造。慧能的重要性，也不是在於他拿頓悟作武器，和北宗對抗。而是由於他的化玄妙為平實，使禪學的種子能夠順其條理，自然的成長罷了。

至於真正承繼慧能法統的懷讓和行思，也沒有什麼獨創的見解，只是由於個性的差異，在方法上略有不同而已。譬如他們參見慧能時：

> 祖（慧能）問：「什麼處來？」（懷讓）曰：「嵩山來。」祖曰：「什麼物恁麼來？」曰：「說似一物即不中。」祖曰：「還可修證否？」曰：「修證即不無，汙染即不得。」（行思）問曰：「當何所務，即不落階級？」祖（慧能）曰：「汝曾作什麼來？」師曰：「聖諦亦不為。」祖曰：「落何階級？」曰：「聖諦尚不為，何階級之有？」

在這兩段話裡，可見懷讓從「有」著眼，直指真心，不汙不染，以超然物外；而行思從「無」下手，泯聖諦，破階級，以達性相如如。這便是他們兩人之間的不同。這種不同，對以後禪學的分歧雖有影響，但在當時卻並不顯著，因為這一時期完全籠罩在慧能的思想中，其作用就在於含蘊默潛。

二、平地拔起

由於慧能的默默耕耘，中國禪學才真正的開花結果。此後禪學的發展，波濤壯闊，浪潮起伏。我們可以從下頁的圖表中，看出它的變化曲折，支流漫衍。

從下頁圖表來看，好像懷讓和行思是慧能禪學開展的兩個起點。其實不然，他們兩人的思想都只是慧能的餘波。懷讓因道一而著名，行思因希遷而見知，所以真正把慧能平實的思想推上了高潮，促成此後禪學大盛的，卻是道一和希遷兩人。

道一的思想是在慧能的平實面上，點綴了老莊的自然色彩。關於這點，我們可以從兩方面得到印證：

（一）平常心是道

慧能只告訴我們自心是佛，要我們心無所住，而道一卻直截的強調平常心是道，他說：

> 道不用修，但莫汙染。但有生死心，造作趣向，皆是汙染。若欲直會其道，平常心是道。謂平常心無造作，無是非，無取捨，無斷常，無凡無聖，經云：「非凡夫行，非賢聖行，是菩薩行。」只如今行住坐臥，應機接物盡是道。(《景德傳燈錄》卷二十八)

道一這種思想顯然是從慧能「性相如如，常住不遷，名之謂

五家法系圖

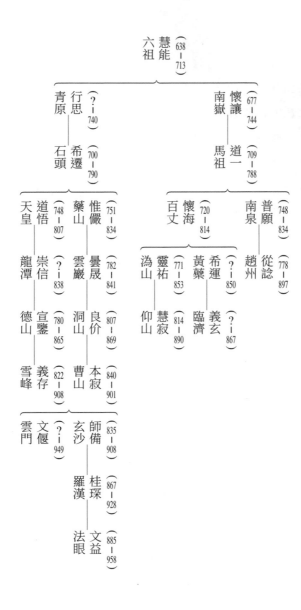

道」中推演出來的。因為所謂平常心，按照字義來講，平是平等無別，常是常住不遷，這正和慧能的道體相契。所以他承接了慧能的思想而說：

> 本有今有，不假修道坐禪，不修不坐，即是如來清淨禪。如今若見此理真正，不造諸業，隨分過生，一衣一鉢，坐起相隨。（《景德傳燈錄》卷二十八）

不過，進一步看，道一的平常心，即自然心，這也是同於老子「道法自然」的思想。他的「無造作，無是非，無取捨，無斷常，無凡無聖」，正和莊子無是非，無生死，無古今，無成毀的境界相同。甚至他也像老莊一樣的口吻說：

> 不盡有為，不住無為，有為是無為家用，無為是有為家依。（《景德傳燈錄》卷二十八）

這豈不是「無為而無不為」，「有之以為利，無之以為用」（《老子》十一章）的思想嗎？由此可見道一的平常心，實際上即是老莊的常道了。

（二）超然物外

慧能強調「心平何勞持戒，行直何用修禪」，所以他的平實，是把道體往內拉，成為清淨的本心。道一雖然高唱平常心，但他的平常不像慧能那樣的平實，而是把心向上提昇，成為本然的道體。據《景德傳燈錄》中曾載有這麼一段故事：

> 一夕三士（註：指百丈懷海、西堂智藏、南泉普願），隨
> 侍馬祖翫月次，祖曰：「正恁麼時如何」。西堂云：「正
> 好供養」。師（懷海）云：「正好修行」。南泉拂袖便
> 去。祖云：「經入藏，禪歸海，唯有普願獨超然物
> 外。」（《景德傳燈錄》卷六）

在當時，懷海、智藏和普願，既然被稱為道一門下的「入室
時三大士」；那麼，懷海所答的「正好供養」，和智藏所答的
「正好修行」，自然與一般未悟道的和尚見解不同。顯然他們
兩人是有得於慧能的平實面。所以道一才許以「經入藏，禪
歸海」。不過在賞月的時候，講供養，談修行，未免有煞風
景，因此道一還是欣賞普願的拂袖而去，讚以「超然物外」。
　　關於道一和學生問答的這段故事，我們還可以拿他的四
種教法來印證：

> 僧問和尚為什麼說即心即佛，師云：「為止小兒啼」，
> 僧云：「啼止時如何？」師云：「非心非佛。」僧云：
> 「除此二種人來，如何指示？」師云：「向伊道不是
> 物。」僧云：「忽遇其中人來時如何？」師云：「且教
> 伊體會大道。」（《景德傳燈錄》卷六）

道一教學生「即心即佛」，就是勸人供養此心。教學生「非心
非佛」，就是勸人勤加修行。這兩種教法是對初學佛者的諄諄
善誘，也是慧能常用的方法。至於對學佛已久，功夫也深的
人，他卻「向伊道不是物」，「且教伊體會大道」。這是要他們

超然物外，「與天地精神往來」（莊子語）。很顯然地，後面的兩種教法，已越出了慧能禪的平實面，而深契於老莊的風旨了。

　　由於道一的思想充滿了老莊的自然色彩，所以他的門人也都順著這條路線，發展成一種完全以自然為主旨的禪學。如大珠慧海曾答覆別人的問難說：

> 太虛不生靈智，真心不緣善惡，嗜欲深者機淺，是非交爭者未通，觸境生心者少定，寂寞忘機者慧沉，傲物高心者我壯，執空執有者皆愚，尋文取證者益滯，苦行求佛者俱迷，離心求佛者外道，執心是佛者為魔。（《景德傳燈錄》卷六）

　　這裡的「嗜欲深者機淺」和莊子「其耆欲深者，其天機淺」（《莊子‧大宗師》）是如出一轍的。

　　又如南泉普願開悟趙州從諗時，便運用道一的「平常心」。據《景德傳燈錄》的記載：

> （從諗）異日問南泉：「如何是道？」南泉曰：「平常心是道。」師曰：「還可趣向否？」南泉曰：「擬向即乖。」師曰：「不擬時如何知是道？」南泉曰：「道不屬知不知，知是妄覺，不知是無記。若是真達不疑之道，猶如太虛廓然虛豁，豈可強是非耶？」（《景德傳燈錄》卷十）

普願這種廓然虛豁的境界，即是道一所讚許的超然物外，也即是莊子逍遙絕待的境界。

不過慧海沒有法嗣，普願也只傳到從諗而後止。所以在道一的門下，真正成為法統的繼承者，卻是百丈懷海。

懷海在和道一、普願、智藏賞月時，曾答「正好修行」，這雖比不上普願的超脫，但卻是他思想精神的最好寫照。因為他一生最重實行，曾有「一日不作，一日不食」的名言。同時鑑於印度戒律的不適合中國文化，便毅然改革，訂定了禪門清規，確立了叢林制度。自此以後，中國禪宗才有了自己的生活方式，才有了向印度佛學挑戰的大本營。

至於在思想上，懷海仍然接近老莊的自然色彩，他回答學生問大乘頓悟法門時曾說：

> 汝等先歇諸緣，休息萬事。善與不善，世出世間一切諸法莫記憶，莫緣念。放捨身心，令其自在。心如木石，無所辨別，心無所行，心地若空，慧日自現，如雲開日出，相似俱歇。一切攀緣貪瞋愛取垢淨情盡。對五欲（註：色、聲、香、味、觸）八風，不被見聞覺知所縛，不被諸境所惑，自然具足神通妙用，是解脫人。對一切境，心無靜亂，不攝不取，透一切聲色，無有滯礙，名為道人。（《景德傳燈錄》卷六）

這種「放捨身心，令其自在。心如木石，無所辨別」的功夫，與莊子形如槁木，心如死灰，「嗒焉似喪其耦」的境界，豈不是完全相同。由此可見懷海雖然注重修行，但他的修行中，

卻不期然而然地寓有濃厚的老莊色彩。

正當道一和懷海師徒在禪學的園地上辛苦耕耘的時候，另一邊，希遷則繼承著行思的法統，也在那裡傳宗接代。

希遷有一次在僧肇所作〈寶藏論〉中，讀到「會萬物為己者，其祇聖人歟」一句話後，便拍案大叫：「聖人無己，無所不為己，誰云自他耶」，因而著〈參同契〉一文。他所謂「參」，是指現象的參差不齊；「同」，是指本體的同一無別；「契」，是指現象和本體的契合無間。這與莊子的〈齊物論〉正好相通，所以從他寫這篇〈參同契〉中，便可知他的思想是遙契於僧肇和莊子的了。關於這點，我們也可從兩方面得到印證：

1. 道無所不在：據《景德傳燈錄》的記載，希遷曾有一種特殊的問答法，即是：

> 問：「如何是禪？」師（希遷）曰：「碌磚」，又問：「如何是道？」師曰：「木頭」。自餘門屬領旨，所有問答各於本章出焉。

這種問禪問道，而答以碌磚、木頭的傳道方法，在慧忠的語錄中已有先例：

> 僧又問：「阿那個是佛心？」師（慧忠）曰：「牆壁瓦礫是」。僧曰：「與經大相違也，《涅槃》云：離牆壁無情之物，故名佛性。今云是佛心，未審心之與性，為別不別？」師曰：「迷即別，悟即不別」。曰：「經云：

佛性是常，心是無常，今云不別何也？」師曰：「汝但
依語而不依義，譬如寒月水結為冰，及至煥時，冰釋
為水，眾生迷時，結性成心，眾生悟時，釋心成佛，
若執無情無佛性者，經不應言三界唯心，宛是汝自違
經，吾不違也。」（《指月錄》卷六）

慧忠把佛心解作牆壁瓦礫，雖然有點類似希遷的說法。但他
接著和學生的那段辯論，仍然不離言教，仍然是有心性的差
別。可是希遷把禪道當作磈磚木石，卻是直接體認了道的無
所不在，並不需要再立個心去破迷開悟。顯然這比起慧忠來，
是更接近莊子道在螻蟻、在稊稗、在瓦甓、在屎溺的思想了。
而且希遷的這種問答，乃是以磈磚木石截斷對方的推理，不
再作觀念的探討，和言語的分析。這正是此後禪學公案的一
大特色。所以自他以後，這種基於「道無所不在」的問答方
法，才廣泛地被運用，而成為禪學的一種悟道法門。

　2.不會不知法：由於希遷體認道無所不在，因此當學生
問佛法時，除了說磈磚木石外，又回答不會不知。這也是他
傳道的一種特殊方法。據《景德傳燈錄》的記載：

問：「如何是西來意？」師（希遷）曰：「問取露柱」。
曰：「學人不會」。師曰：「我更不會」。（《景德傳燈錄》
卷十四）
道悟問：「如何是佛法大意？」師曰：「不得不知」。悟
曰：「向上更有轉處也無」。師曰：「長空不礙白雲
飛。」（《景德傳燈錄》卷十四）

希遷這種回答有點不著邊際，所以道一曾說他：「石頭路滑」。
其實，希遷的方法不僅是「滑」，而且是「活」。因為這種問
答常和前面的問答相互並用。他以「不會」、「不知」，去封閉
對方的觀念意識，這是運用一個「無」字；而他要對方去問
露柱，去看長空，這是從無中透出一個「有」來。使對方從
道無所不在中，去體認自然的消息。正如他在〈參同契〉中
所說：

> 當明中有暗，勿以暗相遇，當暗中有明，勿以明相睹。
> 明暗各相對，比如前後步，萬物自有功，當言用及處。
> 事存函蓋合，理應箭鋒拄。承言須會宗，勿自立規矩，
> 觸目不會道，運足焉知路，進步非近遠，迷隔山河固。

這種從「明暗各相對」去參「萬物自有功」的方法，與老莊
從「有無相生」去觀「萬物皆化」的旨趣，是如出一轍的。
所以希遷在禪學園地上播下的，也是和老莊的自然思想相同
的種子。

　　希遷的門人也很多，主要的有丹霞天然，藥山惟儼，和
天皇道悟等人。其中，惟儼和道悟是法統的繼承者，我們留
待以後再說，現在先看丹霞。《景德傳燈錄》說他：

> 三年間，玄學者至，盈三百眾，構成大院。師（丹霞）
> 上堂曰：「阿你渾家切須保護，一靈之物不是你造作名
> 邈得，更說什麼薦與不薦。吾往日見石頭和尚，亦只
> 教切須自保護。此事不是你譚話得，阿你渾家各有一

坐具地，更疑什麼禪。可是你解底物，豈有佛可成，
佛之一字永不喜聞。阿你自看善巧方便，慈悲喜捨不
從外得，不著方寸，善巧是文殊，方便是普賢，你更
擬趁逐什麼物？不用經求落空去。今時學者紛紛擾擾，
皆是參禪問道。吾此間無道可修，無法可證，一飲一
啄各自有分，不用疑慮。在在處處有恁麼底。若識得，
釋迦即者凡夫是，阿你須自看取。莫一盲引眾盲，相
將入火坑，夜裡闇雙陸，賽彩若為生，無事，珍重」。
（《景德傳燈錄》卷十四）

丹霞這種「不是你造作名邈得」，「不是你譚話得」，「不從外
得」，和老莊的無名、無言、無求，正好相通。而且他說這段
話的對象是三百餘位玄學者；話中，又激烈的強調，無佛可
成，無道可修，無法可證。所以這段文字讀起來，彷彿是一
篇以老莊思想對傳統佛學挑戰的宣言了。

　　在這裡可以看出希遷師生的努力，也和道一師生相同，
大致都是以老莊思想去灌溉禪學。而且希遷和道一又是好朋
友，他們的學生如：惟儼、龐居士、丹霞、道悟等，也都同
時出入於兩家的門庭，可見他們的思想非常接近。不過他們
既然承擔了懷讓和行思的兩條系統，其間也必定有所不同。
這不同之處，就在於道一受懷讓的影響，偏於這個心的向內
把捉，向上提昇，都有超然於物的意味；而希遷則受行思的
影響，著重自然，泯除知慮，使心與萬物同化。他們這種不
同，以老莊思想來論，一個主張道的超越性（老子），一個主
張道的廣被性（莊子）。以禪學思想來論，一個強調吾心即

佛，一個強調三界唯心。而這兩方面，也正是此後禪學發展
的兩條線索。

　　禪學，由於道一和希遷等人的共同奮鬥；終於平地拔起，
進入了一個新的時期。這一時期的最大特色，就是老莊思想
更深切的融入了禪學的慧海中，因為平實的慧能禪，只是用
溫火慢慢助長老莊思想在禪學中的成熟。所以慧能和學生們
的對答，都是循循善誘，老婆心切。可是到了道一和希遷等
人手中，卻是用猛火，激烈的燃燒老莊思想以化入禪學。這
時，他們在方法上，更推進了一步。據地一劃，以喻道體的
絕待；火焚木佛，以喻自性的不虧。而這些，正是此後禪學
發展的動力。

　　總之，禪學到了他們手中，已進入一個極大的高潮。此
後，由道一傳懷海，再傳黃蘗希運，溈山靈祐，而開展為臨
濟、溈仰二宗。由希遷傳藥山惟儼，天皇道悟，再演變分支，
而開展為曹洞，法眼，和雲門三宗。所以在這裡可以看出道
一和希遷等人在禪學發展中的重要性。沒有他們的推波助瀾，
神會爭來的道統，也只是一個無用的牌位而已；沒有他們的
組織經營，禪宗又怎能大梁獨挑，渡過即將來臨的佛教厄運，
而成為唐宋之間最具有生命力的中國佛學？

三、浪花四濺

　　的確，在道一和希遷等人之後，中國佛教曾遇到一次厄
運，就是唐武宗的「會昌法難」。雖然在歷史上像這樣的法難
尚有三次，即北魏太武帝、北周武帝和後周世宗；而且唐武

宗這次，被迫還俗的僧尼只有二十六萬餘人，比起北周武帝
的三百餘萬人來，顯然算不了什麼。但這次的法難，卻並不
是單純的道佛之爭，而是一種恢復道統的排外運動。當時連
帶被排斥的，就有外來的祆教、回教、景教和摩尼教等。

　　在這樣一個由排外而排佛的運動中，佛教真正受到摧毀
的，不只是廟寺的廢除，僧尼的還俗等；而是思想制度在根
本上為中國文化所不容。因此經過了這次打擊，佛教便由中
唐的大盛，漸趨衰落。可是說起來也很奇怪，我們的禪宗，
非但沒有受到半點損害，相反的，卻一枝獨秀，大大的發展
開來。

　　禪宗之所以能在佛教凋零時，大為發展，其原因不外於
三：

　　第一是由於禪宗不立文字，教外別傳，不需要任何的宗
教儀式，可以祕密單傳，因而不受排佛運動的阻礙。

　　第二是由於傳統佛教多半承襲印度的教規，不事生產，
過著乞食或供養的依賴生活。可是從道一、懷海等人提倡叢
林制度，確立禪門清規後，中國的佛教才有了自給自足的生
活方式。禪宗也就因此而得免於法難。

　　第三是由於禪宗根本是中國文化的產物，它那種呵佛罵
祖，捨棄經典的作法，實際上，也是一種排外的運動。只不
過這種運動不是訴諸政治的壓力，而是寄託於佛學本身的改
革。所以這次的排佛運動，非但沒有阻礙了禪宗，反而促進
了禪宗的發展。

　　以上三個原因，雖然都有關係；但最值得我們注意的，
還是最後一點。因為自唐朝韓愈高唱排佛斥老以恢復儒家的

道統後，直到宋明的理學家們，都是相繼的為這個道統奮鬥。他們唯一的口號便是排佛斥老。但實際上，他們所排的佛，所斥的老，乃是傳統的佛教，和變了質的道教而已；並非純粹中國化的禪宗，也非真正代表老莊思想的道家。這時的禪宗和道家，雖然不像儒家一樣以孔孟為道統；但卻以中國思想為道統，而且也在進行著一種排佛斥老的運動——排印度的佛，斥變質的老。在這一點上，它們的目標是一致的；也就在這一點上，它們互相的結合起來。這時，老莊思想找到禪學為出路，不再被形而下的權變所窒息，回到了恬淡無為的常道。而禪學也找到老莊思想的溫泉，洗淨宗教的色彩，換上了中國文化的衣裳。所以由於這一排佛斥老的運動，反而使得禪學因老莊思想的注入，更蓬勃的發展開來。

此後的禪學，好像一個既高又大的浪潮，突然前面遇到了阻力，後面又有波濤的相推；因而沖擊迴盪，浪花四濺，便形成了五大流派。

這五大流派，就是活躍在唐宋之間的潙仰、臨濟、曹洞、雲門、法眼等五宗。這五宗雖然由於接引方法有急有緩，把握問題有主有客，因而各立門庭，獨樹宗風。但他們都是共源於一個道統，所以在思想上並無多大差別。他們這種異中之同，是同在把老莊的自然旨趣融化為禪學的精神；至於他們這種同中之異，就異在用各種不同的方法去證入這個掌握自然的真宰——本來面目。

現在我們就從這五大流派的形成中，看看老莊思想在禪學裡發展的跡象：

（一）從溈山靈祐到仰山慧寂──溈仰宗

在五宗裡，成立最早的是溈仰宗。本宗的創建者是靈祐和慧寂兩人。他們都是承繼了道一和懷海的法統。據《景德傳燈錄》的記載：

> 一日，（靈祐）侍立，百丈問誰？師曰：「靈祐」。百丈云：「汝撥鑪中有火否？」師撥云：「無火」。百丈躬起，深撥得少火，舉以示之，云：「此不是火？」師發悟禮謝，陳其所解。百丈曰：「此乃暫時歧路耳。欲見佛性，當觀時節因緣。時節既至，如迷忽悟，如忘忽憶，方省己物不從他得。故祖師云：悟了同未悟，無心亦無法，只是無虛妄凡聖等心，本來心法元自備足，汝今既爾，善自護持」。（《景德傳燈錄》卷九）

這段故事完全烘托出溈仰宗的思想精神。我們可以從兩方面去分析：

第一是所謂「深撥得少火」。這點火象徵真心和佛性，本為人人所具有，只是被客塵所掩，大家都不自覺其有罷了。因此要明心見性，便必須「深撥」。這個「深」字意味最長，它一方面告訴我們心性埋藏之深，勸我們功夫也要做得深；一方面卻說明頓悟得來的非易，要耐心而徹底的去撥。所以後來靈祐開悟慧寂時，曾說：

> 以思無思之妙，返思靈燄之無窮，思盡還源，性相常

住，事理不二，真佛如如。(《景德傳燈錄》卷十一)

所謂靈燄，就是靈火，也就是心性，這要我們極無思之妙，然後思盡還源，才能使這點靈火燭照大千。

第二是所謂「時節因緣」。我們心中的這點靈火，就像種子內含蘊著的生命力，這本是先天具足的，但必須靠外在的灌溉，使它成熟到某一個時期，才能突然的開花結果。因此，我們要發掘這點靈火，不是一撥即得，而是要等待「時節因緣」。不過懷海教靈祐的，並非叫他依賴「時節因緣」，事實上，卻是勸他在時節未至，因緣未合之前，好好的去真參實修。所以靈祐對這個「修」字也非常看重，後來當一位和尚問他：「頓悟之人更有修否？」他便直截的說：

> 若真悟得本，他自知時，修與不修，是兩頭語。如今初心雖從緣得，一念頓悟自理，猶有無始曠劫習氣未能頓淨，須教渠淨除現業流識，即是修也。(《景德傳燈錄》卷九)

由以上兩點分析，可見為仰宗的風格是機用圓融，方法平和。它們主張深撥，和實修，並非把道深奧化，也非強調漸修，而是要我們體用兼顧，從日常生活中去實證大道，正如慧寂回答靈祐的話：

> 仁義道中，與和尚提瓶挈水，亦是本分事。(《景德傳燈錄》卷九)

為仰宗的這種精神，固然有得於懷海的篤實，和道一的平常心，但也是深契於老莊的思想，靈祐曾說：

> 夫道人之心，質直無偽，無背無面，無詐妄心行，一切時中，視聽尋常，更無委曲，亦不閉眼塞耳。但情不附物即得。從上諸聖只是說濁邊過患，若無如許多惡覺情見想習之事，譬如秋水澄渟，清淨無為，澹泞無礙，喚他作道人，亦名無事之人。（《景德傳燈錄》卷九）

這種清淨無為，澹泞無礙的境界，與老莊恬淡自然，逍遙自在的旨趣是互相吻合的。後來慧寂繼承了靈祐的思想，深怕學者過於攀求，甚至連「禪宗」兩字也不敢談，自認所說的，只是「將黃葉止啼」而已。

（二）從黃蘗希運到臨濟義玄──臨濟宗

臨濟宗創於希運，成於義玄，也是屬於道一和懷海的法統，但並不像為仰宗那樣的平和，而是偏於「超然物外」的一面。

也許是為了要超然，本宗的風格特別喜歡出手就打，張口就喝，不僅老師打喝學生，而且學生也打喝老師。譬如希運曾打過懷海一摑，義玄問他佛法時，便「三問三遭打」，後來義玄摸清楚以後，也不甘示弱，接過拄杖，便把希運推倒。這還不算，最奇怪的是這些被打的老師非但毫不介意，反而哈哈大笑，認為自己的學生已經悟道。這種有違人情的作法，

實在近於瘋狂，可是他們卻不以為忤，視為傳道的一種方法。所以後來義玄不僅從希運處學會了「打」，同時更受到懷海被道一喝，三日耳聾之事的影響，而特別喜歡用「喝」，他曾說：

> 有時一喝如金剛王寶劍，有時一喝如踞地獅子，有時一喝如探竿影草，有時一喝不作一喝用。（《指月錄》卷十四）

其實，打和喝本身並無意義，在希運和義玄的運用上，正和溈仰宗的深撥一樣，無非是為了要見真心，明自性而已，所以希運曾說：

> 老漢行腳時，或遇草根下有一個漢，便從頂上一錐，看他若知痛痒，可以布袋盛米供養。（《景德傳燈錄》卷九）

所謂「草根下有一個漢」，本是指的死屍，但希運卻以死屍喻活人，因為我們身上所穿的臭皮囊，原是行屍走肉。而希運就是要在臭皮囊上一錐，看看裡面是否還有一點靈性。這種作風與靈祐的撥灰見火原無二致，只是在手法上，懷海教靈祐要慢慢地深撥，而希運則如迅雷閃電般的一錐一擊。

這一錐一擊，在希運來說，就是要探取這個心的靈覺性，他在著名的〈傳心法要〉一文中曾說：

> 此靈覺性，無始以來，與空虛同壽，未曾生，未曾滅，
> 未曾有，未曾無，未曾穢，未曾淨，未曾喧，未曾寂，
> 未曾少，未曾老，無方所，無內外，無數量，無形相，
> 無色像，無音聲，不可覓，不可求，不可以智識解，
> 不可以言語取，不可以景物會，不可以功用到，諸佛
> 菩薩與一切蠢動眾生同大涅槃性，性即是心，心即是
> 佛，佛即是法。（《景德傳燈錄》卷九）

這點靈覺性，是心、是佛、是法，也是道體，在這方面，顯然希運是承襲了道一「即心即佛」的思想。但這點靈覺性，既然不能以智識、言語、景物、功用去了解，因此只有用一錐一擊去打破軀殼，赤裸裸的使心默默相對，靈犀相通。在這方面，顯然希運也暗合於莊子的這個「忘」字，所以他曾說：

> 凡夫取境，道人取心，心境雙忘，乃是真法，忘境猶
> 易，忘心至難。人不敢忘心，是恐落空，無撈摸處，
> 不知空本無空，唯一真界耳。（《景德傳燈錄》卷九）

希運在這裡又拈出一個「忘」字來，他乃是用一錐一擊的方法，截斷攀緣於軀殼的意識之流，以達到忘境、忘心，使靈覺自現的境界。這種忘境、忘心，和莊子忘物、忘我的理趣完全相同，所以希運也似乎是透過了莊子的「忘」字，去無心默契，以心傳心的。

　　義玄受希運的影響，也採取擊破軀殼，使靈覺自現的方

法，所以當他推倒希運後，便說：「諸方即火葬，我這裡活埋」（《景德傳燈錄》卷十二）。這兩句話乃是譬喻一般人的心性，都和軀殼同朽，而義玄則當下把軀殼活埋掉，使靈心獨照。這種境界也是有得於道一「超然物外」的思想。不過義玄比希運更進一步，把這點心的靈覺，具體化而為真人，他曾屢次的說：

> 汝等諸人赤肉團上有一無位真人，常向汝諸人面門出入，未證據者看看。（《景德傳燈錄》卷十二）
> 五蘊身田內有無位真人，堂堂顯露，無絲髮許間隔，何不識取？心法無形，通貫十方，在眼曰見，在耳曰聞，在手執捉，在足運奔，心若不在，隨處解脫。（《景德傳燈錄》卷二十八）

這個赤肉團，五蘊身，即是我們的軀殼。這個假人，是可以推倒，可以活埋的；而在其中活動的真人，才是我們的本來面目。這個真人，是心法，是無位無形的，所以也是推不倒，埋不了的。在這裡可以看出，義玄的這個無位真人，與莊子的那個「翛然而往，翛然而來」的真人，似乎是孿生的，至少我們可以說，義玄是按照莊子的真人，為禪學塑造了一個活的真心。

至於如何達到真人的境界？義玄除了用打用喝外，並且把這種「打」、「喝」，和莊子的「坐忘」配合起來，創造了他所謂「奪」的「四料簡」。據《指月錄》所載：

　　至晚，（義玄）小參曰：「有時奪人不奪境，有時奪境
　　不奪人，有時人境兩俱奪，有時人境俱不奪。」克符
　　問：「如何是奪人不奪境？」師曰：「煦日發生鋪地錦，
　　嬰兒垂髮白如絲。」符曰：「如何是奪境不奪人？」師
　　曰：「王令已行天下遍，將軍塞外絕煙塵。」符曰：
　　「如何是人境俱奪？」師曰：「并汾絕信，獨處一
　　方。」符曰：「如何是人境俱不奪？」師曰：「王登寶
　　殿，野老謳歌。」符於言下領旨。（《指月錄》卷十四）

這裡所謂「奪」，即是打之使忘的意思。奪人不奪境，是忘心
不忘物；奪境不奪人，是忘物不忘心；人境兩俱奪，是心物
雙忘；人境俱不奪，是心物兩不忘。這四料簡，以方法來論，
雖然是義玄按照學者根器的不同，而分別接引的四種技巧；
但以思想來論，卻只有兩個層次，前面三者，無論奪人也好，
奪境也好，都是要走向人境俱奪，也就是說，由心忘物自忘，
物忘心也忘，以達到心物雙忘。這是強調一個忘字。而最後
的人境俱不奪，卻是在心物雙忘後，靈心自現，這是在活埋
以後，「大死一番，再活現成」。這個再活現成的，就是真人。
義玄這種由四料簡，而達到真人的方法，顯然與莊子由忘我，
忘物，物我雙忘，物我俱化，而達到真人的思想路線，幾乎
是如出一轍的了。

　　在五宗裡，臨濟宗是慧命最強的一派，這與它同出於道
一、懷海系統的溈仰宗，恰成了一個顯明的對照。我們研究
它之所以有這樣強的生命力，主要的原因是由於希運強調靈
覺性，義玄推重無位真人，他們都是在心性中尋求一個活潑

潑的慧命。因此本宗風格的：「勢如山崩，機似電卷，赤手殺人，毒拳追命」（祖源《萬法歸心錄》），事實上，也只是慧命的一種表現而已。

（三）從藥山惟儼到曹山本寂──曹洞宗

曹洞宗是由藥山惟儼，承希遷的衣缽，再傳雲巖曇晟，洞山良价，而到曹山本寂的。所以一般來說，本宗是屬於希遷的法統。但在這裡面有一個問題，據《景德傳燈錄》所載：

> （曇晟）初參百丈海禪師，未悟玄旨，侍左右二十年，百丈歸寂，師乃謁藥山，言下契會。（《景德傳燈錄》卷十四）

曇晟生於西元七八二年，死於西元八四一年，而懷海死於西元八一四年，由此推算，曇晟是在十二歲那年參拜懷海，三十二歲那年才離開懷海，在這思想剛好成長的二十年，自然受懷海的影響很深，因為懷海本身是一位大禪師，曾開出溈仰、臨濟兩宗。而且在懷海傳中，又兩次提到曇晟的事，可見他和靈祐、希運等人對懷海來說，地位是不差上下的。尤其他離開懷海時，並非意見不合，而是在懷海死後，才依依不捨的離去，所以曇晟和懷海之間的關係是非常密切的。後來曇晟雖說到惟儼處問道，「言下契會」，但這只是一種印證而已，接著他又到靈祐處，互相切磋，由此可見他與懷海、靈祐的關係，遠比惟儼親切。至於他的大弟子良价，也就是曹洞宗真正的建立者，早期曾師事道一的門人靈默，接著又

謁普願，參靈祐，這都是道一系統中的人物，最後由靈祐的
介紹，去拜曇晟為老師，才接上了希遷和惟儼的法統，所以
就這些事實來論，我們與其說曹洞宗出於希遷，還不如說出
於道一的法統。

　　以上是從許多事跡來考證，如果再以思想來論，儘管曹
洞宗是承繼了希遷的法統，但卻注入了大量道一的血液，至
少它也是一個混血兒。

　　我們先看惟儼，他受希遷的影響。當學生問道時，常答
以「非思量」、「無物者」，和「雲在青天，水在缾」，顯然這
是希遷「道無所不在」的思想路線。曇晟在他那裡「言下契
會」的，就是這點，依據《景德傳燈錄》所載：

　　　師（惟儼）問雲巖：「作什麼？」巖曰：「擔屎。」師
　　　曰：「那個底。」巖曰：「在。」師曰：「汝來去為
　　　誰。」曰：「替他東西。」師曰：「何不教並行。」曰：
　　　「和尚莫謗他。」師曰：「不合恁麼道。」曰：「如何
　　　道。」師曰：「還曾擔麼。」（《景德傳燈錄》卷十四）

惟儼說「那個底」，是指的道體；說「何不教並行」，就是要
曇晟把道體拉下來一起擔屎。這種思想，與希遷的道在礫磚
木石，莊子的道在瓦甓屎溺，是完全的相契了。

　　曇晟在惟儼處所契會的是以道體擔屎，但在懷海處所接
受的卻不同，據《景德傳燈錄》的記載：

　　　雲巖問：「和尚每日驅驅為阿誰？」師（懷海）云：

「有一人要。」巖云：「因什麼不教伊自作。」師云：
「他無家活。」(《景德傳燈錄》卷六)

懷海所說的「有一人」，即是真人，即是真心，這個真人或真
心，是他家無活計，是心不附物的，所以不須去擔屎。

後來良价一面參靈祐，一面參曇晟。從靈祐處得道體之
有，從曇晟處得道體之無。據《景德傳燈錄》所載：

（良价）次參溈山，問曰：「頃聞忠國師有無情說法，
良价未究其微」。溈山曰：「我這裡亦有，只是難得其
人」。曰：「便請師道」。溈山曰：「父母所生口，終不
敢道」。曰：「還有與師同時慕道者否」。溈山曰：「此
去石室相連有雲巖道人，若能撥草瞻風，必為子之所
重」。既到雲巖，問：「無情說法什麼人得聞？」雲巖
曰：「無情說法，無情得聞」。師曰：「和尚聞否？」雲
巖曰：「我若聞，汝既不得聞吾說法也」。曰：「若恁
麼，即良价不聞和尚說法也」。雲巖曰：「我說汝尚不
聞，何況無情說法也」。(《景德傳燈錄》卷十五)

從這段故事裡，靈祐始終站在肯定面，曇晟始終站在否定面，
這正代表了道一和希遷的兩個系統。而良价便是交織在這兩
個系統之中。他一面主張「心心不觸物，步步無處所」(《景
德傳燈錄》卷十五)，這是偏於道一「超然物外」的境界，而
另一面又「不從口裡道」，「只重不為我說破」，這是偏於希遷
「不會不知」的路線。

　　由這些思想線索中，我們可以看出曹洞宗完全是道一和希遷兩條法統的共同產物。

　　曹洞宗的形成，雖由惟儼、曇晟、良价，而到本寂。但惟儼與曇晟只是調和道一、希遷兩派的鋪路人物，本寂也只是宗風的推廣者，他們都沒有特殊的貢獻。至於真正建立本宗的風格，在調和之外，又提出自己的一套思想的，卻只有首推良价一人。

　　良价在曇晟處，尚沒有徹底的悟道，所以他對曇晟的見解是「半肯半不肯」，他推重曇晟也只是重在「不為我說破」。直到他離開曇晟，在渡水時，看到了自己的影子，才恍然大悟，寫下了一首偈子說：

　　　切忌從他覓，迢迢與我疏。我今獨自往，處處得逢渠，
　　　渠今正是我，我今不是渠，應須恁麼會，方得契如如。
　　　（《景德傳燈錄》卷十五）

這首偈子裡的「渠」，就是真人。這個真人不是高高在上的神明，而是自己的本來面目。但我們不能自以為是真人，這樣又是把真人看成一物，向外尋覓，而不是本來面目了。後來有一次：

　　　師（良价）問僧：「名什麼？」僧曰：「某甲」。師曰：
　　　「阿那個是闍黎主人公？」僧曰：「見祇對次」。師曰：
　　　「苦哉！苦哉！今時人例皆如此。只是認得驢前馬後，
　　　將為自己。佛法平沉，此之是也。客中辯主尚未分，

如何辯得主中主」。僧便問：「如何是主中主？」師曰：
「闍黎自道取」，僧曰：「某甲道得即是客中主，如何
是主中主」。師曰：「恁麼道即易，相續也大難」。(《景
德傳燈錄》卷十五)

這裡所謂「客中主」，是指看破假相，以求真我。正如他常教
人行鳥道，必須「足下無絲去」，這對一般人來說已不易行，
但尚不是最高的境界——主中主。所謂「主中主」，就是泯真
假之相，以回返素樸的本來面目，也就是連鳥道也不必行，
完全是來去自由，逍遙自在。

　　至於如何達到這個「主中主」的境界？良价提出了五種
階段，即是所謂的「五位君臣」。據《指月錄》所載：

師（良价）作五位君臣頌曰：正中偏，三更初夜月明
前，莫怪相逢不相識，隱隱猶懷舊日嫌。偏中正，失
曉老婆逢古鏡，分明覿面別無真，休更迷頭猶認影。
正中來，無中有路隔塵埃，但能不觸當今諱，也勝前
朝斷舌才。偏中至，兩刃交鋒不須避，好手猶如火裡
蓮，宛然自有沖天志。兼中到，不落有無誰敢和，人
人盡欲出常流，折合還歸炭裡坐。(《指月錄》卷十六)

正中偏和偏中正，是說體中有用，用中有體，不可偏執，這
是要我們不必再「懷舊日嫌」，不必更「迷頭猶認影」。正中
來和偏中至，是說從體至用，由用返體，貴在相通，這告訴
我們「無中有路」，要「自有沖天志」。兼中到，是說體即是

用，用即是體，體用本一，不可分別。這是要我們識取本來面目，仍然「還歸炭裡坐」。在這五位中，前面四個階段，都是客中辯主，都是超脫有無，不落常流的向上一路，而最後一個階段，卻是主中之主，卻是不離有無，由高深而返歸平淡。

這「還歸炭裡坐」五個字，正是良价思想的神髓，正是曹洞宗的特殊風格。在這裡，我們可以看出它與老子「知其白，守其黑」（《老子》二十八章），「處眾人之所惡，故幾於道」（《老子》八章），及莊子在「獨與天地精神往來」之後，又「與世俗處」（《莊子‧天下》）的思想，是深深的契合了。由於這點，使它的主人公，雖與臨濟宗的真人面貌相同，但卻並不「機鋒峻烈」得用棒打，用掌摑；也由於這點，使它像溈仰宗一樣的「機用圓融」，但卻更穩健、更活潑，此後溈仰宗的早絕，事實上並非夭折，而是其思想已為曹洞宗所代替了呢！

（四）從天皇道悟到雲門文偃及法眼文益──雲門宗和法眼宗

雲門和法眼兩宗的形成，自天皇道悟，經龍潭崇信，德山宣鑒，到雪峰義存，都是屬於共同的法統。此後由雪峰義存，傳雲門文偃，便是雲門宗。由雪峰義存，傳玄沙師備，羅漢桂琛，而到法眼文益，便是法眼宗。

雲門和法眼兩宗的建立，比其他三宗幾乎晚了半個多世紀，在這段漫長的形成過程中，很自然的受到其他三宗的影響，譬如宣鑒之與靈祐、義玄，及良价；義存之與慧寂、良

价，都曾有過接觸，因此這兩宗的思想，調和的色彩濃，蛻變的成分也多。

我們先從這兩宗的形成過程來看，道悟是一個起點。他雖然承接希遷的法統，但也曾在道一處印證過。所以從這個起點開始，便已有走向調和的趨勢。不過他本人的思想，實在沒有什麼特殊的地方，只是在他傳法給崇信時，所說的：「任性逍遙，隨緣放曠，但盡凡心，無別勝解」四句話裡，卻充滿了像老莊一樣的自然思想。崇信是道悟的單傳弟子，他的思想也沒有什麼重要的貢獻，只是曾用吹熄火燭的方法，迫使宣鑒點亮心燈而已。所以在這段過渡性的法統中，真正舉足輕重，大放光芒的，卻是宣鑒。

宣鑒本是一位《金剛經》的專家，曾特別研究《青龍疏鈔》。後來在崇信處悟道後，便把這部《金剛經》的疏鈔燒焚而說：

> 窮諸玄辯，若一毫置於太虛；竭世樞機，似一滴投於巨壑。（《指月錄》卷十五）

從這兩句警語中，可見宣鑒已證宇宙心海的無窮，思維才智的有限。這種思想固然是禪學的精神，但也和莊子那種一飛沖天的境界相似。其實，以個性來說，宣鑒可以稱為禪學中的莊子。試看他說：

> 者裡佛也無，法也無。達磨是老臊胡，十地菩薩是擔糞漢，等妙二覺是破戒凡夫，菩提涅槃是繫驢橛，十

> 二分教是鬼神簿，拭瘡膿紙，四果三賢，初心十地是
> 守古墓鬼，自救得也無，佛是老胡矢橛。（《指月錄》
> 卷十五）

這種罵聲，這種罵法，在中國歷史上，也只有莊子可以和他
相匹。莊子罵孔，並非罵孔子本身，而是罵後儒心中的偶像；
同樣宣鑒罵佛，也非罵佛祖本身，而是罵和尚心中的法障。

宣鑒除了善罵以外，又善打。他曾示眾說：

> 道得也三十棒，道不得也三十棒。（《指月錄》卷十五）

這種「棒」的作用，雖然和臨濟宗的「打」或「喝」相同，
但道得也打，道不得也打，也即是對也打，錯也打，這和莊
子「是非兩忘」的思想也是相契的。

宣鑒用喝用棒，並不是打破軀殼，以求真人，而是把心
中的這個「事」打掉，他說：

> 於己無事，則勿妄求，妄求而得，亦非得。汝但無事
> 於心，無心於事，則虛而靈，寂而妙。（《景德傳燈錄》
> 卷十五）

又說：

> 諸子莫向別處求覓，乃至達磨小碧眼胡僧到此來，也
> 只是教你無事去，教你莫造作，著衣、喫飯、屙矢、

> 送尿，更無生死可怖，亦無涅槃可得。無菩提可證，
> 只是尋常一個無事人。(《指月錄》卷十五)

從這些話中，可見宣鑒的善於說「無」處，似希遷；勸人尋常無事處，似道一。其實，他是有鑑於當時一般禪學者的「不守分，馳騁四方，傍他門戶」(《指月錄》卷十五)，而欲回返道一、希遷時，那種近似於老莊的自然思想。

自宣鑒而後，傳義存。義存的個性和宣鑒剛好相反，他比較平和，所以並不激烈的罵十二分教是鬼神簿，只是說它「不消一曲楊柳枝」罷了，他的思想也沒有特殊的貢獻，好像是在宣鑒的這一大浪之後，暫時的歸於平靜。不過他賦性仁慈，善於接引，因此在他以後，又慢慢的掀起高潮，分歧而為雲門及法眼兩宗。

雲門宗的建立者是文偃，他受宣鑒「無事於心」的影響，也說：

> 我事不獲已，向你諸人道直下無事，早是相埋沒了也，
> 你諸人更擬進步，向前尋言逐句求覓解會，千差萬巧
> 廣設問難，只是贏得一場口滑，去道轉遠。……以此
> 故知一切有心，天地懸殊，雖然如此，若是得底人，
> 道火不可燒，終日說事不曾掛著脣齒，未曾道著一事，
> 終日著衣喫飯，未嘗觸著一粒米，掛一縷絲，雖然如
> 此，猶是門庭之說也，得實得恁麼始得。(《景德傳燈
> 錄》卷十九)

文偃在這裡，完全體認無事就是道。他以為「除卻著衣喫飯屙屎送尿，更有什麼事」？而除卻著衣喫飯屙屎送尿，也沒有另外所謂超佛越祖的道理，所以他又說：

> 我更問你諸人，橫擔拄杖道我參禪學道，便覓個超佛越祖底道理。我且問你，十二時中，行住坐臥，屙矢送尿，至於茅坑裡蟲子，市肆買賣，羊肉案頭，還有超佛越祖道理麼？（《指月錄》卷二十）

然而文偃所謂「直下無事」，並非要我們遊手好閒，整天的喫飯屙屎，相反的，他卻一直勸人：「莫將等閒空過時光」，甚至還引證孔子「朝聞道，夕死可矣」的精神。由此可見他所謂的無事，相當於老子的無為，並非真的無所事事，而是外面照樣踐履，只是心中無事，也就是說順乎自然罷了。

至於如何去達到「直下無事」的境界，文偃常用的接引方法是一句透三關：所謂「一句」是說當學生問文偃佛法時，他常回答一句話，或一個字，如：

> 問：「如何是超佛越祖之談？」師曰：「胡餅。」
> 問：「如何是佛？」師曰：「乾矢橛。」
> 問：「如何是學人自己？」師曰：「遊山玩水。」
> 問：「如何是正法眼？」師曰：「普。」
> 問：「如何是啐啄之機？」師曰：「響。」
> 問：「三身中以何身說法？」師曰：「要。」

文偃的這一字一句，在表面上看來，正同義玄的「喝」，宣鑒的「棒」一樣，都是截斷觀念，直指真心。但實際上，文偃的每一字、每一句，還包含了三重意義：即是涵蓋乾坤，截斷眾流，和隨波逐浪。

涵蓋乾坤，是說「道無所不在」；截斷眾流，是要「超然物外」；隨波逐浪，是由玄妙而歸於平淡。這三關，雖然有三種境界，但卻是一以貫之，這一貫之道就是自然。正由於這個道是自然的，因此才能天地一體，無不周遍；才能捨棄人為，情不附物；才能無事無為，性相如如。在這裡可以看出，文偃的一句透三關，不僅透過了希遷、道一等人的思想，而且更可透入了老莊自然無為的境界。

在當時，和雲門宗孿生的是法眼宗。法眼宗的建立者文益，雖然和文偃的時間相同，但本宗的完成，自義存之後，還要經過師備和桂琛兩人。

師備和桂琛是法眼宗真正的開路先鋒，他們的思想比宣鑒、義存等人，更為偏近於希遷的路線。因為他們都強調「三界唯心」，認為「道無所不在」；而且當學生問佛法時，也都答以不會不知，或舉椅子掃帚以相對。譬如師備曾說：「盡十方世界是一顆明珠」，當學生問他入道之路時，便回答：「聞偃溪水聲」。後來桂琛受師備的影響，也自認「不會」是他的家風，當學生看見他豎拂子，以為有所開示而禮拜時，他便叫學生去看山看水，去讚歎掃帚。

至於文益，承接了師備和桂琛的法統，也很自然的走入了他們的思想路線，據《指月錄》的記載：

雪霽，（文益）辭去。藏（桂琛）門送之問曰：「上座
尋常說三界惟心，萬法惟識」，乃指庭下片石曰：「且
道此石在心內，在心外？」師曰：「在心內。」藏曰：
「行腳人著甚麼來由安片石在心頭？」師窘無以對，
即放包依席下，求決擇，近一月餘，日呈見解，說道
理。藏語之曰：「佛法不恁麼」。師曰：「某甲辭窮理絕
也」。藏曰：「若論佛法，一切現成」。師於言下大悟。
（《指月錄》卷二十二）

從這段故事裡，可見文益在未受桂琛開悟前，便以主張「三
界惟心，萬法惟識」而著名，不過當時他的思想完全是唯心
的，所以把石頭也放在心內。後來和桂琛辯論了一個多月，
才了解所謂「三界惟心」，並非說三界都在這個心中，而是說
心法偏三界，也就是說道無所不在，一切本自現成。所以經
過了這次的轉變，文益才由迷而悟，才確立了法眼宗的思想
路線。

在文益的眼裡，無論是這個道的體，或道的用，都是在
現象中，都是在自然中。他曾引用古人的話說：「一切聲是佛
聲，一切色是佛色」（《景德傳燈錄》卷二十八）。所以當學生
問用時，他以現象對；問體時，也以現象對。如：

僧問：「如何是第二月？」師曰：「森羅萬象」。曰：
「如何是第一月？」師曰：「萬象森羅」。（《景德傳燈
錄》卷二十四）

這裡所謂第一月是指體，文益答以萬象森羅；所謂第二月是指用，文益卻答以森羅萬象。其實萬象森羅就是森羅萬象，而文益之所以把句子倒過來回答，乃是另有他的苦心。因為依照一般禪學的問答方式，問體時答以萬象森羅，問用時也答以萬象森羅。這樣，萬象森羅便成為一具屏風，正像用棒用喝一樣，是去遮斷對方執體執用的分別心。儘管回答者用「萬象森羅」四字，也是要叫對方去體取自然，但由於這種回答方式的相沿成習，因此常使人誤為這是一種遮斷的作用，而不能從答話中透將過去。所以文益為了避免這種誤解，特別把句子錯綜起來回答，使對方的思路不在「體用合一」上，便截然而止，讓他們了解，這個體是在自然中，這個用也在自然中。也就是說問題的重心不在體用合一，而是在於自然。因為在自然中，根本無所謂體用，連「合一」也是多餘的了。

在這段解釋中，我們可以看出文益風格的一斑了。他和其他各宗的禪師不同。既不用棒用喝，拳打足踢，也不機鋒冷語，令人莫測。他和弟子的對答，都是非常平實的，非常易懂的，如：

問：「如何是佛向上人？」師曰：「方便呼為佛」。
問：「如何是第一義？」師曰：「我向汝道是第二義」。
問：「如何披露即得與道相應？」師曰：「汝幾時披露即與道不相應」。
問：「十二時中如何行履即得與道相應？」師曰：「取捨之心成巧偽」。

從這些問答中，可以看出文益不僅在思想上，深契於老莊的
自然，而且在方法上，也是順乎自然的。所以當學生問他玄
言妙旨時，他便說：「用玄言妙旨作什麼？」當學生問他真正
之道時，便說：「一願也教汝行，二願也教汝行」（《景德傳燈
錄》卷二十四）。可見他思想的「步步踏實」。由於如此，甚
至連理學的大儒朱熹也讚歎說：

> 因舉佛氏之學與吾儒甚相似處，如云「有物先天地，
> 無為本寂寥，能為萬象主，不逐四時凋」，又曰：「樸
> 落非他物，縱橫不是塵，山河及大地，全露法王身」。
> 又曰：「若人識得心，大地無寸土。」看他是什麼見
> 識。今區區小儒，怎生出得他手宜其為他揮下也，此
> 是法眼禪師下一派宗旨如此。今之禪家皆破其說，以
> 為有理路，落窠臼，有礙正當知見，今之禪家多是「麻
> 三斤」「乾屎橛」之說，謂之不落窠臼，不隨理路，妙
> 喜之說便是如此，然又有翻轉不如此說時。（《朱子語
> 類輯略》卷七）

雖然法眼宗的被儒家所賞識，在我們看來，是很有意義
的，至少這說明了儒佛有共同之處；可是站在禪學的立場來
論，卻不是一件值得欣慰的事情，因為法眼宗的建立，已臨
五代之末，接著而來的，便是宋代理學家的天下，法眼宗的
平實而善談，豈非容易洩露了太多的奧祕，使理學家得以偷
偷的在禪學的園地內挖掘寶藏。法眼宗到了宋代，便一貧如
洗，是否也就由於這個原因啊！

　　以上，我們從五宗的形成中，已看到老莊思想活動的情
形。這一時期的最大特色，就是由思想，及於方法，再及於
行動。使老莊思想變為禪學的化身，使禪學思想具有老莊的
形態。使我們已分不清何處是佛家的禪，何處是老莊的道了。
這就是唐朝禪學的黃金時代。

　　自此以後，到了北宋時，在五宗裡，溈仰早絕，法眼衰
微，曹洞卻進入了單傳的冬眠狀態。雲門雖人才輩出，盛極
一時，但到了南宋，也支撐不住，漸趨沒落。只有臨濟一宗
慧命最強，子孫也最多，一直綿延到元明，而分歧為黃龍、
楊歧兩派。後來曹洞也由冬眠復蘇，和臨濟平分秋色，有所
謂：「臨天下，曹半邊」之稱。但這時畢竟秋色已重，夕陽雖
好，可惜已是近黃昏了。

第六章 禪學與老子思想的比較

　　當我們看過禪學的開展後，不禁想起在錢塘江口觀潮，先是浪頭起伏，滾滾而來，接著是排山倒海，有千軍萬馬之勢，最後是波濤拍岸，化為朵朵美麗的浪花。這時，又不禁好奇的問：是誰造成了這偉大的奇觀？對於禪學的浪潮，這個答案已很清楚，就是老莊思想。可是老莊思想又何以有這樣大的力量呢？在這裡，我們便必須收起觀賞的眼光，再回過頭去，看看老莊思想中，是否含有充沛的潛力，足以激發禪學去興風作浪。

　　現在，我們先看老子思想。

一、老子思想的煙霧

　　談到老子思想，必須先撥開許多煙霧，才能看清他的真正面目。

　　第一層煙霧，是有關老子思想的時代性。究竟老子是什

麼時候人？其成書的年代如何？這兩個問題不知迷惑了古今多少學者！其實無論老子是春秋的老聃，或戰國的李耳；無論《老子》一書成於春秋、戰國，甚至漢代。這些除了提供給歷史學家作考證的資料外，對於研究老子思想來說，非但沒有密切的關係，而且還會引起許多不必要的誤解，譬如胡適便是過於強調老子的時代性，認為他「完全是那個時代的產兒，完全是那個時代的反動」（胡適《中國古代哲學史‧老子》）。這樣一來，不僅把哲學家的老子，誤為「革命家之老子」，而且也把老子思想的淵源攔腰截斷，成為一種反傳統的學說。顯然的，這完全違反了老子思想的精神。因為老子的思想不是一種偏激的主義，而是一種圓融的智慧。這種智慧不是老子一人因反對現實才發明的，而是早已孕育在中國道統的生活裡；這種智慧，固然可以解開時代的癥結，但所觸及的，都是人類永恆的問題。在這裡，我們之所以要撥開這層煙霧，理由也很明顯，就是為了發掘老子永恆的一面，使他不致被時代性所掩蓋，成為「時代的產兒」，「時代的反動」。

第二層煙霧，是有關老子思想的常道和變道。在老子眼中，這個道是有常有變的，就其為常道來說，是不可言的，所以他在開宗明義第一章裡便特別說明：「道可道，非常道」，接著以後八十章所論的，都是可道之道，都是應付現象界的一種變道。這在老子來說，只是一種方便，一種過程而已。可是後人不知，卻認為老子所注重的都是權術，都是應變，如程顥說：

予奪翕張，理所有也，而老子之言非也。予之之意，
乃在乎取之，張之之意，乃在乎翕之，權詐之術也。
(《二程粹言・論道篇》)

其實，這種批評乃是一偏的看法。因為程顥既然承認「予奪
翕張，理所有也」，那末老子所談的，就是這個理；並非有意
鼓吹權詐之術。儘管這個「理」，在運用上，是一種權變，但
那畢竟是變道，並非老子所崇尚的常道。我們決不能因變道
上有流弊便抹煞了老子思想的真精神。

　　第三層煙霧，是有關老子思想的運用和附會。老子思想
在戰國時代便大為流行，由於他所談的都是些應變的道理，
非常適用於當時七國爭雄，勾心鬥智的局面，所以最先把老
子思想運之於權術的是兵家和縱橫家。如孫武、吳起、蘇秦、
張儀等人都是深通老子之術的。江瑔曾說：

道家沈機觀變，最精於謀，若施於戰陳之間，天下遂
莫與敵。(江瑔《讀子巵言》)

王應麟也說：

老子曰：「將欲翕之，必固張之，將欲奪之，必固予
之」，此陰謀之言也，范蠡用之以取吳，張良本之以滅
項，而言兵者尚焉。(王應麟《漢書藝文志考證》)

由此可見兵家和縱橫家的運用老子之術，也是出於情勢之所

趨。不過這兩者只是過渡時期的產物，後來又都歸入了法家。

　　至於法家，和老子思想的關係本很密切，因此運用老子之術也比較深入。譬如韓非曾著〈解老〉、〈喻老〉兩篇，對於老子思想的闡述，自有其獨到的見解。尤其他那種「去甚去泰，身乃無害」（《韓非子・揚權》），「虛而待之、彼自以之」（《韓非子・揚權》）的政術，更是有得於老子的變道。雖然他這種政術因李斯的阻礙，未能為秦始皇所接受；但到了漢初，卻贏得了文景及蕭曹等君臣的賞識，完全搬上政治舞臺，形成了所謂的黃老之治。

　　除了運用於政術外，在另一面，老子的形上思想也曾被魏晉的清談家所熱烈的談論過。但由於清談本身已不符老子「知者不言」的旨趣，再加上這些名士們的放縱行為，更有違於老子清靜無為的思想，所以儘管他們推崇老子，卻未能把握老子的精神，只是一種附會而已。緊接著清談家之後，又有許多神仙家也在憧憬著老子形而上的境界，但由於他們過分依賴方法，如符籙、辟穀、行炁、鍊丹等，而這種方法又是以逆轉自然的路線來從事修鍊的，因此和老子的思想完全背道而馳，所以儘管他們奉老子為教主，仍然只是一種曲意的附會而已。

　　老子思想的這種運用和附會，無論是否另有發明，但都未曾觸及老子的道體。就拿運用得最成功的漢初黃老之治來說，仍然雜於權術，最多只是一種變道而已。可是由於他們在中國文化上的影響是既深且廣的，因此後人往往從這種影響反推上去，以明老子思想。這便犯了指影為月的毛病。我們之所以要撥開這層煙霧，也就是為了離開影子，直接去看

老子的真正面目。

　　以上我們撥開了老子思想的三層煙霧，接著便可以進一步去看看老子思想的精神了。

二、老子思想的精神

　　《老子》一書雖只有短短的五千餘字，但由於它是智慧的結晶，因此所觸及的問題卻很廣泛，這就同高懸的明月，它的光輝可以遍照山河大地。不過現在我們既然研究他的思想精神，便必須避開其他各方面的問題，直接去透視他的智慧。

　　引導我們通向這種智慧的途徑有三條：

（一）常者，道之體

　　歷代研究老子思想的人，受魏晉玄學的影響，幾乎都是以「無」為道之體。據《晉書‧王衍傳》的記載：

> 魏正始中，何晏王弼等祖述老莊立論，以為天地萬物，皆以無為為本。無也者，開物成務，無往而不存者也。陰陽恃以化生，萬物恃以成形，賢者恃以成德，不肖恃以免身；故無之為用，無爵而貴矣。（《晉書》卷四十三）

從這段話裡，可見魏晉的玄學家們簡直用「無」字取代了「道」的地位。何晏以為道是「惟無所有者也」（何晏〈無名

論〉），王弼以為道是「無之稱也」（王弼《論語釋疑》）。直到近人胡適也承認「道即是無，無即是道」（胡適《中國古代哲學史》），馮友蘭雖然強調無不等於零，但也承認老子「謂道即是無」（馮友蘭《中國哲學史》）。其實，「無」是對「有」而言，是因「有」而「無」。「無」和「有」都是屬於現象界的相對性，無論執「無」，執「有」，都將落於兩邊。但在一個真正形而上的道體中，是不容有邊見存在的，所以老子的「無」，只是變道的運用，而不是道之體，這個道之體，乃是「常」。

可是我們有什麼理由說老子的「無」，只是變道的運用呢？因為老子常用玄、妙、樸、靜等境界去描繪道體。當然這些並非就是道體，而是老子用來截斷一切心念意識，思維造作的閘門，使我們的理智觸角受到阻礙後，碰壁而回，了解這個道體是不可名狀，不可思議，不可造作，不可追求的，於是便從無名、無知、無為、無欲中去體合大道，所以老子的「無」，既不是道體，也不等於零，而是一種澄清的作用，使我們透過了它，可以破現象之假有，顯本體之真如。

那麼，既然「無」不是道體，我們又有什麼理由代之以「常」呢？要解答這問題，必須先把「常」字作一分析。在《老子》書中，提到這個「常」字的地方，有十七章之多，大致可以分為三類。第一類是單獨的一個「常」字，指宇宙人生的常規，普遍永恆的法則，這是屬於道體自然的一面，如：

復命曰常，知常曰明，不知常，妄作凶。知常容，容

　　乃公，公乃王，王乃天，天乃道，道乃久，沒身不殆。
　　（《老子》十六章）

第二類是和道、德、無、有等配合起來，指本體界不是用觀
念意識所能觸摸的，這是屬於道體超越的一面，如：

　　道可道，非常道，名可名，非常名。無，名天地之始；
　　有，名萬物之母，故常無，欲以觀其妙，常有，欲以
　　觀其徼（註：端倪也）。（《老子》一章）

第三類是一般的應用，指「經常」、「恆久」的意思，這是屬
於道體運用的一面，如：

　　是以聖人常善救人，故無棄人；常善救物，故無棄物，
　　是謂襲明（註：因物以明）。（《老子》二十七章）
　　是以萬物莫不尊道而貴德，道之尊，德之貴，夫莫之
　　命而常自然。（《老子》五十一章）

從這三類分析，可見老子的「常」字，從其運用面來說，是
「欲以觀其徼」，是不離於「有」；從其超越面來說，是「欲
以觀其妙」，是不離於「無」；從其自然面來說，是同謂之玄，
妙；復歸於樸，靜。是不離「有無」，也不落「有無」的。所
以這個「常」字遠比「無」字更為圓融，更能寫出道體的精
神。
　　這個「常」字，有永遠在變而又永遠不變的意思。正像

一條河川，時時刻刻在那裡流，可是千年如一日，卻未曾流
到那裡。這個永遠在變的，是道的運用面，在這裡引出了老
子的變道思想。這個永遠不變的，是道的超越面，在這裡產
生了老子的形上思想。而這個變而不變，不變而變的，是道
的自然面，在這裡才觸及了老子的道體精神。因為老子的道
是常，這個常也就是自然。

　　不過老子所謂的自然，並非指自然界的現象，他曾說：

　　　人法地，地法天，天法道，道法自然。(《老子》二十
　　　五章)

可見自然界裡的地和天，猶以道為法；那麼這個道所法的自
然，勢必與自然界的現象不同，而是使這種現象之所以如此
的法則；但道已經是最高的法則了，在它之上不可能別有法
則存在，因此它所法的自然，只有還歸自身，也就是順其自
然如此的意思。所以老子的自然是指道體的本來如此。這就
是「常」。

(二) 反者，道之動

　　然而這個道體何以能變而不變，不變而變呢？這是因為
它的變，是周行不殆的變，是循環不息的變，正如老子所說：

　　　有物混成，先天地生。寂兮寥兮，獨立不改，周行而
　　　不殆。可以為天下母，吾不知其名，字之曰道。強為
　　　之名曰大，大曰逝，逝曰遠，遠曰反。(《老子》二十

五章）

在這裡，老子告訴我們這個道之所以能「獨立不改，周行而不殆」，乃是由於這個道的變，是由大變逝，由逝變遠，由遠而變反。一提到這個「反」字，也許有人會懷疑：既然這個道變「反」了，豈不是已經「改」了，已經「殆」了。又說什麼獨立和周行。其實老子的這個反字，有兩層含意，一是變易的反，一是復歸的返。如：

> 玄德深矣，遠矣，與物反矣，然後乃至大順。（《老子》六十五章）

這是變易的反。又如：

> 萬物並作，吾以觀復，夫物芸芸，各復歸其根。（《老子》十六章）

這是復歸的返。而老子之所以只寫一個反字，乃是因為這個「返」字，必須包含在「反」字中，如果另立了一個「返」字，那末這個「反」字便失去了應有的歸趨，也失去了由變道而復返常道的精神。可是一般人由於不知「返」字，因此也就誤解了這個「反」字，他們的錯覺往往有兩種情形：

一種是只知變而不知反：我們每天在變化中，卻很少能感覺出變化之速，縱使有一天「高堂明鏡悲白髮，朝如青絲暮成雪」，發現自己已是白髮蒼蒼，齒牙動搖，這時也許會歎

韶光如馳，但仍然只是一聲悲歎而已，並沒有從變看到反，看到死亡之後，骨肉化作糞土，像小說《茶花女》中的那位少年，熱情得在女友死後，要開棺赴約，可是卻發現以前那樣明眸皓齒、顏如桃李的愛人，現在卻是白骨磷磷，骷髏一具。這種事變之反，在生活上雖然到處皆有，但我們並沒有常常感覺到；即使感覺到，也感覺得並不深切。只是在「變」上悲歎，而不能在「反」上體會。

　　另一種是只知反而不知返：因為人類的心理都是好盈惡虧的，看見從無到有的變化，便以為是自然的發展，而毫不為怪。譬如我們從少到老，儘管其間變化很大，總以為自己在成長，在邁向將來；可是有一天到了頭童齒豁，面臨死亡，才發現變化之速。再如我們求利追名，或由苦工而到富翁，或由布衣而至卿相，但這都是我們所追求的目標，因此心有所迷，也就不會感覺其中的變化。直到有一天，不幸因暴富而遭橫禍，因功高蓋主而遺殺身之患。這時才心有所悔，痛感變化的弄人。其實從有到無的突變固然是變，從無到有的漸變也是變，而且從無到有，從有到無，又是循環的變。在從無到有中，早已潛伏了從有到無的因子，這因子是「反」，而從有到無之後，也早已含有重新從無到有的種子，這種子就是「返」。可是一般人往往只看到變的一面──反；而看不到又回復不變的一面──返。

　　由於人們的知見，常常犯了這兩種錯覺，所以老子特別提出這個「反」字。要我們看清宇宙人生的變化，是波浪式的起伏，是連環般的運行，由正變到反，再由反復歸於正。就變化一面來看，是永遠的在那裡變，在那裡動；但從不變

一面來看，卻永遠是那一個波浪，那一套連環。

　　我們在變化之流中，就好像掉入了無底洞似的，只有眼巴巴的看著自己往不可知的深淵中墜落，正如莊子的描寫：

> 一受其成形，不亡以待盡，與物相刃相靡，其行盡如馳，而莫之能止，不亦悲乎！終身役役，而不見其成功，苶然疲役，而不知其所歸，可不哀邪！（《莊子・齊物論》）

而老子所提出的這個「反」字，卻是在無限墜落中的一塊踏腳板，使我們了解宇宙人生的變化，不是亂變的，而是有規則的。至於如何去把握這個規則，使我們在無限的墜落中躍起，這便是老子告訴我們的一套處世的變道了。

（三）弱者，道之用

　　老子整個變道的精神，就在於一個「弱」字。

　　也許有人會懷疑：既然老子認為宇宙人生的變化是循環不息的，那末強變為弱，弱變為強，強又變為弱，強弱輾轉不已，為什麼一定要用弱，而不用強呢？其實老子所謂用弱，並非要我們真正變得衰弱無能，而是因為一般人的心理都是好強的。這個強，實際上已包含了「物極必反」的危險因子；所以老子要我們重視這個強之「反」——弱。透過了弱，再「返」於常道之真強。

　　試看老子用弱的真意，大致不出以下四點：

　　1.知足常樂：

　　名與身孰親？身與貨孰多？得與亡孰病？是故甚愛必
　　大費，多藏必厚亡，知足不辱，知止不殆，可以長久。
　　（《老子》四十四章）

這是告訴我們一切的禍患，都是由於好貪求、不知足。有了
汽車，想洋房；有了嬌妻，愛美妾。這樣，永遠也得不到安
寧，得不到快樂。所以唯有知足，才是「知足之足常足矣」
（《老子》四十六章），才是恬淡自然的人生。
　　2.不露鋒芒：

　　持而盈之，不如其已。揣而梲（註：銳也）之，不可
　　長保。金玉滿堂，莫之能守。富貴而驕，自遺其咎。
　　功遂，身退，天之道。（《老子》九章）

這是告訴我們樹大招風，物極必反的道理。因為露才顯己，
好強鬥狠，對於自己來說，已忘了本，已失去了平穩的步子；
對於別人來說，更引起妒忌，成為爭逐的對象。所以老子要
我們「去甚、去奢、去泰」（《老子》二十九章）。但這並非自
安於衰弱，而是不露鋒芒，即是不露弱點，這才是明哲保身
的作法。
　　3.把握樞機：

　　其安易持，其未兆易謀，其脆易泮，其微易散。為之
　　於未有，治之於未亂。合抱之木，生於毫末；九層之
　　臺，起於累土；千里之行，始於足下，為者敗之，執

者失之。(《老子》六十四章)

這是告訴我們任何事態的發展都有一個起點。這個起點必定是整個過程中最微最脆之處，所以也就是弱點。老子要我們用弱，即是把握住這一起點，在問題尚未形成之前，先予以打消；在問題尚未發展到成熟階段時，先予以解決。這種「圖難於其易，為大於其細」(《老子》六十三章)的功夫，才是真正的應變之術。

　　4.曲成之道：

> 曲則全，枉則直，窪則盈，敝則新，少則得，多則惑，
> 是以聖人抱一為天下式。不自見故明，不自是故彰，
> 不自伐故有功，不自矜故長。夫唯不爭，故天下莫能
> 與之爭。古之所謂曲則全者，豈虛言哉，誠全而歸之。
> (《老子》六十六章)

這是告訴我們宇宙人生的變化都是循著曲線進行，這條曲線，也就是自然的軌跡。我們處世應變，也必須循著這條軌跡，不爭而得，無私而成。正像江海之處下，反而為百川所同歸，所以這種曲成的原則，才是真正的自然之道。

　　從以上四點看來，老子的弱道為用，並不是要我們處「弱」，相反的，卻是要我們去「弱」，他曾說：

> 明道若昧，進道若退，夷道若纇(註：絲節也)，上德
> 若谷，大白若辱，廣德若不足，建德若偷，質真若渝。

《老子》四十一章）

這段話裡的「若」字，意味最為深長。明道並不就是昧，而是若昧罷了。這也即是說，常道並不就是弱，而是在表面上，像弱罷了。所以老子的「弱」字，實際上有如一把雙鋒的利刃，一面除強，一面去弱，使我們同時超越了強弱的觀念，由變道而返歸於常道。

三、禪道與常道

老子這種返變歸常的思想精神，對中國歷史的影響很大。可是了解的人固然也有，而誤解的人卻比比皆是。所以兵法縱橫運用它，便失之於陰謀慘酷；黃老之治崇尚它，也限於政術權變；魏晉玄學談論它，又都流於虛無頹廢；至於近代學人研究它，更是把它放在手術臺上解剖。怪不得日本有一位老子的專家，姓伊福部，名隆彥的，在他所著《老子眼藏》序文中說：

自古迄今，未有比《老子》更被人誤解的書，有的說它是東洋無政府主義者的書，有的說是虛無主義的書，有的說是支那式的功利主義的書，有的說是逃避人生的隱遁主義的書。我認為這都是由於誤讀與誤解所引起的錯誤……為什麼會發生這樣誤解呢？究其原因不外乎為了不會讀《老子》正文的關係。筆者聊有自信敢說：我曾經矯正了這部在東洋二千年來被誤讀的書。

伊福部隆彥為什麼敢說這樣的話，且看他的見解：

> 道可道，非常道。應解釋：真的道，決不是絕對不變
> 而固定的道。……人因知性淺陋，故其根幹被插入了
> 假說性，亟想求一個常道。例如先王派的孔子等，即
> 係此種人物。他們由夏殷周三代的制度，發見了治國
> 平天下的原理，便認此為不易的常道，想要用這個常
> 道做天下的秩序，但是這個秩序自體不僅已經錯誤，
> 則欲求固定原理的這個想法，也是錯誤的。因為道可
> 道，非常道故也。須知眼橫鼻直以外，別無真的認識，
> 亦沒有物的本體。世界本是色外無空，空外無色；見
> 色則色，見空則空，想在空外求色，色外求空，便是
> 迷。道現成在我面前，在這現前的道以外，別無常道，
> 欲求常道，就是心迷。老子出現的眼目，是欲促使人
> 類從知性中斷絕一切的假說性，叫人擺脫一切的假說
> 來和眼前的道合為一如一體而成絕對，這就是老子所
> 傳播的福音。其道為何？就是：眼橫鼻直罷了。每晨
> 太陽從東方出，每夜沒入西方，這就是道。每晨睡醒
> 了即起，起即穿衣……各有其道，這樣道時時刻刻現
> 成在眼前，行之便是道，所行之處，就有現成的道，
> 並無需要什麼假設。（伊福部隆彥《老子眼藏》）

伊福部隆彥的這種見解，顯然也是犯了誤讀與誤解的錯誤。
他把老子的常道，解釋為「絕對不變而固定的道」，這是沒有
了解老子的「常」字，有永遠在變而又永遠不變的雙重意義。

因此便不自覺的掉入了一個矛盾的漩渦中。首先他無法交代的是《老子》書中其他許多「常」字，像「常德」、「知常」、「習常」等，如果依照他的定義，那末老子所推崇的這些境界，豈不都成了假說性？其次，他認為老子的眼目就是：「叫人擺脫一切的假說來和眼前的道合為一如一體而成絕對。」試問這個一如一體的「絕對」，不是常道是什麼？可見他的錯誤，也就是由於把這個活潑潑的「常」字，釘死在「絕對不變而固定」的十字架上。

然而伊福部隆彥的錯誤，也只是許多誤解老子的看法中的一種，何況他又是外國的學者，我們為什麼偏要提出他的見解來討論呢？這是因為他的錯誤，雖然是對這個「常」字的曲解，事實上，他所謂現成在面前，眼橫鼻直，睡醒即起，起即穿衣的，正是常道。而且這個常道，也即是禪宗所謂「要眠即眠，要坐即坐」（長沙和尚語）的平常心。顯然的，他這段話是用禪學之道去解老子之道，他自己也承認「本身受了老子的指示，始能認識道元禪師之佛道」（伊福部隆彥《老子眼藏》）。無論他這種認識是否深入，但他把禪道當作常道這一點，卻是我們探索禪學與老子思想的關鍵所在。

前面我們已說過老子的常道，是不離有無，也不落有無；永遠在變，又永遠不變的自然之道。而禪學，也就是要在有與無，變與不變之間，去證悟這個自然的本來面目。所以我們要研究禪道與常道之間的關係，「自然」兩字便是一把最好的鑰匙。

在《老子》書中，提到自然的地方，如：

　　道法自然。(《老子》二十五章)

　　希言自然。(《老子》二十三章)

　　百姓皆謂我自然。(《老子》十七章)

　　夫莫之命而常自然。(《老子》五十一章)

在這裡可以看出老子所謂的自然，並非物理的自然世界，而
是指物性之本然，就是道體，也就是我們前面所說本來如此
的「常」。因為一般人總是被現象界的變化所迷，執著於相
對，或拼命的追求，或盲目的逃避。這就同一位鄉下姑娘進
城，看到摩登小姐的裝扮，誤以為塗脂抹粉就是美，便跟著
效法，殊不知塗脂抹粉是為了掩醜，如果本身已經美了，自
不必再去掩醜。否則所掩的，非但不是醜，而是自然之美。
所以老子叫我們別被五色、五音、五味所迷，要「見素抱樸，
少私寡欲」(《老子》十九章)，這就是為了要顯自然之真美，
他曾說：

　　眾人熙熙，如享太牢(註：筵席)，如春登臺，我獨泊
　　兮其未兆，如嬰兒之未孩，儡儡兮若無所歸。眾人皆
　　有餘，而我獨若遺，我愚人之心也哉！沌沌兮，俗人
　　昭昭，我獨昏昏，俗人察察，我獨悶悶，澹兮其若海，
　　飂兮若無止，眾人皆有以(註：有用也)，而我獨頑似
　　鄙，我獨異於人，而貴食母(註：貴食者，貴腹也，貴
　　母者，貴道也)。(《老子》二十章)

老子這種「如嬰兒之未孩」，似「愚人之心」的境界，在一般

攀緣執著的人眼中，反而以為不合常情。其實，這種重視厚生的「食」，生生的「母」，卻正是順乎自然的真常之道！所以老子要我們歸常，所歸的乃是：一面超越相對，以返於絕對；一面從絕對，又返於平常。事實上，絕對在於平常，平常之中有絕對，這就是常道，就是自然的本來面目。

　　至於禪宗，自始便注重常道，要直探這個自然的本來面目。不過在佛學中原有「常道」兩字，是指「尋常的道理」（《佛學小辭典》）。與老子不可道的「常道」似乎相反，其實這只是佛學的一般用語，在禪宗來說，正是要從尋常的道理中去明心見性，所以禪道和常道一樣，也是寓絕對於平常，從平常中去見絕對。

　　本來，禪宗的這個「禪」字，為佛教各宗所共法，圭峰宗密曾把禪分為五種：

> 謂帶異計（註：有計較心者），欣上厭下而修者，是外道禪。正信因果，亦以欣厭而修者，是凡夫禪。悟我空偏真之理（註：以我空為真理）而修者，是小乘禪。悟我法二空所顯真理而修者，是大乘禪。若頓悟自心本來清淨，元無煩惱，無漏（註：即圓滿也）智性，本自具足，此心即佛，畢竟無異，依此而修者，是最上乘禪。亦名如來清淨禪，亦名一行三昧（註：定境也），亦名真如三昧，此是一切三昧根本，若能念念修習，自然漸得百千三昧，達磨門下展轉相傳者，是此禪也。（《指月錄》卷六）

可見禪之一字，原非禪宗所專有，只因其他各宗的禪，都偏
於禪定，這是傳統佛學的一種修持。而禪宗卻把這個禪字，
用在特殊的一面，超越了傳統的範圍。這特殊的一面，就是
禪和道的結合，成為禪道。這個禪道，著重於心的「本來清
淨，元無煩惱」，和老子清靜無為之道正好相通。所以自禪和
道結合後，也就等於把吸針插入了中國思想的脈管裡，吸取
生命的血漿。此後禪宗的禪，已不再限於禪定修持，而是自
有其道體了。

　　這個道體，就是自然。

　　貫注在禪學思想裡的自然，有兩層意義：一是指本來面
目，一是指平常心。前者相當於老子所謂「嬰兒之未孩」，這
是截斷眾流的絕對生命；後者相當於老子所謂「愚人之心」，
這是隨波逐浪的任運而行。

　　在禪宗的眼裡，我們的經驗往往是製造錯誤的根源，經
驗愈多，錯誤也愈大。這就同那位進城的鄉下姑娘，懂得愈
多，也就愈失去了她的天真純樸。所以我們為了徹底的明心
見性，便必須拋開經驗的有色眼鏡，去認取自己的「本來面
目」。《六祖壇經》中曾記載慧能告誡惠明的一段話：

　　　　祖（慧能）曰：「汝既為法來，可屏息諸緣，勿生一
　　　　念，吾為汝說明。」良久，祖曰：「不思善，不思惡，
　　　　正與麼時，那個是明上座本來面目？」惠明言下大悟。

這是「本來面目」四字的最早出處。在這裡，慧能告訴惠明
的，就是要他拋開一切經驗，不要想什麼是善，什麼是惡，

在這中間，而要參一參什麼是我的本來面目。這個本來面目，就是在人智未鑿，嬰兒未孩，甚至父母未生前的那個本自現成的絕對生命。

這個絕對的生命，也不是什麼高不可及的境界；而是一切順乎自然，茶來喝茶，飯來吃飯，困來即臥，醒便穿衣的平常心。因為行住坐臥，莫非禪機；擔柴運水，不離至道。這一切都是絕對生命的顯露，所以只要我們處日常生活，而無攀緣造作之心，向上不追求，對下不逃避，這就是本來面目，就是平常心，也就是超越而又平實的常道。

問題到這裡已很顯然，被運用了一千多年來的老子思想，始終在變道上迴轉，未能返變歸常；直到禪宗興起，才產生了共鳴，找到了它的歸宿。此後老子的常道，可說完全被吸入了禪道之中。

四、「無」字的運用

禪學和老子思想產生的共鳴，固然都以常道為體；但這本是中國思想的最高境界，其殊途同歸也是很自然的。至於禪學受老子影響比較明顯的，卻是在運用上的那個「無」字。老子曾說：「無之以為用」，「常無，欲以觀其妙」，這是告訴我們要證入常道，必須先透過「無」字一關；同樣慧能也說：「本來無一物」，「無一法可得」，這也是要我們從「無」字上去體認禪道。所以禪學和老子思想在運用上的關係，「無」字便是最重要的一個關鍵。

不過在這裡我們還必須撥開一層煙霧，就是一般的看法，

往往以為禪學中的「無」字，是傳統佛學中「空」字的翻版。其實不然，這個「無」和「空」的意義大不相同。空是指「因緣所生之法，究竟無實體」（《佛學小辭典》），在佛學中談到空，都當作一法來看，如空性、空相、空定、空觀、空慧、空行、空法、空無我、空無邊處、空如來藏，以及所謂的十八空等。而「無」，本是一個否定的用詞，在佛學上用到無字，都帶有否定的意思，如無上、無生、無明、無住、無始、無性、無相、無常、無漏等。由此可見「空」和「無」本不相關，他們之所以混為一談，乃是在魏晉時期，由於般若性空的思想盛行，當時的玄學家又崇尚老莊，喜談虛無，於是以「無」解「空」，便成為風氣所趨。這時，顯然已把老子的「無」運用在佛學上了。直到禪宗興起，更進一步，超越了前人的看法，不是以無去解空，而是由無去悟道，以求不著於空；而是把這個無字，由否定的用詞，變成了積極的工夫。譬如慧能便自認以「無念為宗，無相為體，無住為本」（《六祖壇經·定慧品》）。這無念、無相、無住，雖然在傳統佛學中已有，但那都只是一些描述的語詞，並不像慧能一樣，把它們當作大道，注入了活力，使其成為禪學的中心思想。所以慧能運用的這個「無」字，絕不是「空」的翻版，而是和老子「無之以為用」的「無」字相通。試看禪學強調的無念、無言、無心、無事，與老子主張的無欲、無名、無知、無為，是如出一轍的。因此我們要比較他們的思想，便必須從這個關係上，去看看禪學是如何運用老子的「無」字：

（一）無念與無欲

在老子眼中，人類一切痛苦的根源，都是在於一個「欲」字。所謂：

> 五色令人目盲，五音令人耳聾，五味令人口爽，馳騁
> 畋獵令人心發狂，難得之貨令人行妨，是以聖人為腹
> 不為目，故去彼取此。（《老子》十二章）

這些五色、五音、五味等之所以使人目盲、耳聾、口爽，乃是由於它們都是「可欲」，都會挑動人心的欲念，去作無厭的追求。可是愈追求，愈不滿足，欲念愈多，也就愈痛苦。所以老子要我們為腹不為目。為腹表示只求自然的需要，如吃飯睡覺等；為目表示向外的追逐，如聲色利樂等。這也就是要我們杜絕欲念，使心還歸清淨。

禪宗提倡「無念」，所無的也就是這個欲念。慧能曾說：

> 云何立無念為宗，只緣口說見性，迷人於境上有念，
> 念上便起邪見，一切塵勞妄想，從此而生，自性本無
> 一法可得。若有所得，妄說禍福，即是塵勞邪見，故
> 此法門，立無念為宗。（《六祖壇經・定慧品》）

這裡指的無念，並非沒有正念，而是沒有邪念。所謂邪念是指在境上起了妄想，有了欲念。所以無念便是心不染著，無邪無欲。可是息邪戒欲，本為傳統佛學所主張，也為其他一

切宗教所強調，為什麼我們特別注意禪宗的無念，甚至於把它比之於老子的無欲呢？這是因為他們所謂的「念」和「欲」，與一般的意義不同。老子的欲，不僅是指貪圖五色、五音、五味等可欲之物，而且也指人所共讚的聖智仁義。本來，聖智仁義不能與五色、五音、五味等同日而語，但只要存心執著，便都成為可欲之物，便都是一種欲，所以老子的無欲，是連聖智仁義的追求之心，也要一齊打消的。至於禪學的無念，也是如此，慧能曾說：

> 無念念即正，有念念成邪，有無俱不計，長御白牛
> （註：即成道也）車。（《六祖壇經‧機緣品》）

顯然，無念固然並非沒有正念，但卻不是另有正念，而是無念即正念。如果另有正念的話，那末仍有追求之心，這也是一執，也是一種邪念和欲念。所以無念的真意，就是「有無俱不計」、「邪正俱不用」，這與老子的思想路線，也是殊途同歸的。

（二）無言與無名

老子在開宗明義第一章裡，便說明這個道是不可道的，不可名的。有名可道只是不得已的變通方法，所以他處處強調「道常無名」（《老子》三十二章），「道隱無名」（《老子》四十章），告訴我們「知者不言，言者不知」（《老子》五十六章），要返歸「無名之樸」（《老子》三十七章）。對此，白居易曾有一詩懷疑說：

　　　　言者不知知者默，此語吾聞於老君；若道老君是知者，
　　　　緣何自著五千文。

白氏的懷疑，顯然是用文學家的筆調，對老子思想的幽默。
因為老子所談的是變道，變道是可言而不可執，有名而本無
名的，他雖然寫了五千文，事實上，處處在破執，在返於無
名，他的用反、處弱，都是破執的方便說法，所以如果依據
《金剛經》中所載，釋迦說了四十九年的法，為了無所得故，
卻自認未曾說一法；那麼同理，老子寫了五千字，為了破執
起見，也未曾寫一字。

　　禪宗的「不立文字」，也就是本著這種旨趣。

　　不過在這裡我們又碰到了一個問題，就是《金剛經》既
然承認「無法可說」（《金剛經・二十一分》），《楞伽經》也明
言「法離文字」（《楞伽經》卷四），甚至傳統佛學中尚有維摩
詰默然不語，須菩提巖中晏坐的典故。這些豈非都主張不立
語言文字，為什麼我們又把禪宗的無言，拉上了老子無名的
關係？這是因為前面所說的經書和典故，它們對於不立語言
文字的見解這一點，在傳統佛學中的地位卻並不太重要。直
到僧肇把老子的無名，用之於佛學，寫下了〈涅槃無名論〉
後，才使得這些「莫著言說」的見解，受到了中國思想的支
持，而融會演變為此後的禪宗。

　　在傳統佛學中，雖然也主張語言文字不是道，但對於語
言文字卻保持相當的尊重，仍然要「受持讀誦，為人演說」
（《金剛經・三十二分》），仍然要「隨宜方便，廣說經法」
（《楞伽經》卷四）。可是禪宗正如老子所謂「知者不言，言

者不知」，卻認為開口便錯，要徹底捨棄語言文字。如：

> 僧問：「離四句，絕百非，請師直指西來意？」師（道
> 一）曰：「我今日勞倦，不能為汝說，問取智藏去」，
> 僧問西堂，堂云：「何不問和尚」，僧云：「和尚教來問
> 堂」，云：「我今日頭痛，不能為汝說，問取海兄去。」
> 僧又問百丈，百丈云：「我到者裡卻不會。」僧回舉似
> 師，師曰：「藏頭白，海頭黑（註：黑者玄也，較白為
> 勝)」。

從這段記載裡，可見這些和尚的推三託四，都不肯開口說破，
深怕這顆語言文字的「鼠矢」，掉在自己的釜中。禪宗的這種
作法，固然有其獨特的創造性；但受老子「無名」、「不言」
的鼓勵，卻也是很顯明的事實。

（三）無心與無知

　　老子思想中有一個比較激烈的見解，就是歌頌無知。歷
來老子被誤為頹廢、反動、愚民等，都是由於大家不了解無
知的真意。其實老子的無知，並不是要我們變文盲，變白痴，
而是不以「不知」為知，也不以「知」為知，他說：

> 知不知上，不知知病。夫唯病病，是以不病。聖人不
> 病，以其病病，是以不病。(《老子》七十一章)

這是說一般世俗之知，都是以不知為知。都是把自己錯誤的

觀念，靠不住的經驗當作知。至於真知卻正是要知道自己的不知，知道這個道的不可知，而捨棄一切的觀念造作，經驗判斷，直達無心的境界。

禪學的高標無心，也就是這種境界。

然而在這裡，我們又遇到了一個問題，就是禪宗明明以心傳心，為什麼又傳出了一個無心？譬如希運在〈傳心法要〉一文中，開首便說：

> 諸佛與一切眾生，唯是一心，更無別法。
> 唯此一心即是佛，佛與眾生更無差異。

這完全是本於慧能「但用此心，直了成佛」（《六祖壇經・自序品》）的思想。可是在該文中，他接著又大談無心說：

> 此心即無心之心，離一切相，眾生諸佛更無差殊。但能無心，便是究竟。學道人若不直下無心，累劫修行終不成道，被三乘功行拘繫，不得解脫。

所謂「此心即無心」，這用邏輯的眼光來看，顯然是一種矛盾。可是對禪宗來說，前一個心，和後一個心完全不同。前一個心是指絕對的真心，是指本來的面目。後一個心是指觀念造作，經驗判斷。正如希運所說：「無心者，無一切心也。」這一切心就是觀念和經驗錯綜複雜所形成的假心，唯有泯除這個假心，才能使真心自現。所以禪宗這種「無心」的說法，和老子「無知」的思想，是完全契合的。

　　禪宗的「無心」，對傳統佛學來說，也是一個比較激烈的見解。因為在它們以前，沒有人公然的主張「當下無心，便是本法」（希運〈傳心法要〉）。雖然如此，但這種見解也並沒有和傳統佛學發生衝突。譬如在《心經》中便說：

> 是故空中無色，無受想行識，無眼耳鼻舌身意，無色聲香味觸法，無眼界，乃至無意識界，無無明（註：無明者，昏闇也，為一切煩惱之因），亦無無明盡（註：也無智也），乃至無老死，亦無老死盡（註：也無不朽也）。無苦、集、滅、道。無智，亦無得，以無所得故。

這段話裡的「無受想行識」，「無苦、集、滅、道」，「無智，亦無得」，實際上，也就是無一切心。而禪宗之所以用無心去概括，乃是因為「無受想行識」等，至少還有一個心去無。禪宗卻是連這個去無的心也無了，正如希運所說：

> 心自無心，亦無無心者，將心無心，心即成有，默契而已，絕諸思量，故曰：「言語道斷，心行處滅」。（希運〈傳心法要〉）

可見禪宗的思想是非常徹底的，這與老子以「無知」去挖除能知之心，都是活用這個「無」字。

（四）無事與無為

　　老子思想中，最為後人所崇法的，是「無為」；而最不易把握的，也是無為。他曾說：

> 為學日益，為道日損。損之又損，以至於無為，無為而無不為。取天下常以無事，及其有事，不足以取天下。（《老子》四十八章）

這段話的關鍵是在「無為而無不為」一句話。歷來對於這句話常有誤解，總是把它分開來看，不是落於空心死寂的無為，便是偏於起心造作的無不為。其實這句話的真意該是無為而自然的無不為。所以無為與無不為都是相對的襯托出一個自然的境界。至於「取天下常以無事」，非但不是勸人如何去取天下，相反地，卻是以無事去打消取天下之心，使其順乎自然，還歸於樸。所以老子運用這個「無」字，並沒有權詐之意，而是就人們的心理，以輔「萬物之自然」。

　　禪學中接受老子「無為」的影響是非常明顯的，如永嘉玄覺在〈證道歌〉中開首便說：

> 君不見絕學無為閒道人，不除妄想不求真。

可見他對老子無為思想的心儀。這種無為思想到了後來，便演變為「無事」的平常心，如宣鑒曾說：

> 諸子莫向別處求覓，乃至達磨小碧眼胡僧到此來，也
> 只是教你無事去，教你莫造作，著衣、喫飯、屙矢、
> 送尿，更無生死可怖，亦無涅槃可得。無菩提可證，
> 只是尋常一個無事人。（《指月錄》卷十五）

這個尋常無事人，就是絕學無為閒道人。

在禪宗的眼裡，認為天下本無事，一切的煩惱痛苦，都是由於庸人自擾，作繭自縛。因為不僅貪圖享樂會產生痛苦；即使追求佛法，也是製造煩惱的根本。所以當慧可請達磨替他安心時，達磨便要他「將心來」；當道信向僧璨求解脫法門時，僧璨便問他「誰縛汝」。這都是勸人不必自擾，作個尋常無事的閒道人。

禪宗這種「無事」的思想，在傳統佛學中可說是一種獨創的見解。雖然它有點類似於「無執」；但「無執」只是戒攀緣執著之心，仍有「時時勤拂拭」之意；而「無事」卻是從根本上捨知捨為，返於尋常之樸，已達「本來無一物」的境界。這裡所托出的，不是一位競競業業的佛徒；而是一位理趣恬淡的道家人物。所以禪學裡的無事，很顯然的，與老子的無為有著前後呼應的關係。

從以上幾點，可以看出禪學和老子思想所產生的共鳴。我們之所以用共鳴兩字，這是為了比較客觀和保守一點，因為談到兩家思想的比較，除了有可靠文獻上的證據，和師承上的關係外，我們實沒有充分的理由去下斷語說，這一家的思想是完全來自那一家的影響。何況以禪宗的說法，思想不僅是自由的，而且是自己的，即使我因讀《老子》而大悟，

但所悟的，並不是老子的東西，而是自家的珍寶。陸象山曾
說：

> 宇宙便是吾心，吾心便是宇宙。東海有聖人出焉，此
> 心同也，此理同也，千百世之上，有聖人出焉，此心
> 同也，此理同也，千百世之下，有聖人出焉，此心同
> 也，此理同也。

禪宗所傳的，也不外於這個心，這個理。所以儘管在禪學中
我們可以找到許多有關老子的思想和文句，儘管在隋唐以後，
老子的形上思想卻在禪學中開花結果。但為了強調它們都是
中國思想的流變，為了尊重禪宗獨立的風格，我們卻說它們
像兩株插在同一塊泥土中的花朵，像兩個頻率相同的音叉一
樣，自然是血統相似，音聲相和的了。

第七章　禪學與莊子思想的比較

　　前面，我們已看過禪學與老子思想的比較，不過老子的思想理趣閒寂，欠缺熱情；它之所以能鼓舞禪學，主要的還是透過生動活潑，熱情洋溢的莊子思想。因為像後代禪宗那種殺貓斬蛇、拳打腳踢的潑辣作風，和揚眉瞬目、寸絲不掛的豪情逸趣，也只有與莊子的恣縱不儻、鼓盆而歌，可以齊聲合唱。所以儘管禪學與老子思想的關係是非常密切的，但從其所表現的風格和態度來看，禪宗的一舉一動，卻無異是與莊子唱雙簧了。

　　現在我們接著再看看禪學與莊子思想的關係：

一、莊子思想的曲解

　　歷來對莊子思想的看法，也有許多曲解。他們都像用一面凹凸不平的鏡子去透視，總是把莊子思想的某一點特別擴大或拉長，以致失去了原有的面目。如：

（一）《莊子》是《老子》的註疏

憨山德清曾說：

> 《莊子》一書，乃《老子》之註疏，予嘗謂老子之有
> 莊，如孔之有孟，若悟徹老子之道，後觀此書，全從
> 彼中變化出來。（憨山《莊子內篇註》卷一）

這幾乎是一般傳統的看法。其實莊子雖為老子的後人，雖受
老子的影響，但仍有他獨立的思想；而且他的創見，也遠比
他得自老子的，更為精彩。譬如在《莊子》書中，無論直接
引證或間接採用老子思想的地方，都是在〈胠篋〉、〈在宥〉、
〈達生〉、〈山木〉、〈田子方〉、〈天道〉、〈知北遊〉、〈庚桑
楚〉、〈天下〉等篇中，這些都屬於外篇及雜篇，顯然不是莊
子思想的精華；而且所談的，多半涉及變道，也不是莊子思
想的最高境界。如果我們再把老莊思想作一簡略的比較，將
可發現：

　　老子明理，由理以入道；莊子明心，從心以適道。
　　老子善守，守弱以致用；莊子善忘，寓忘以順化。
　　老子貴變，重時空之運用；莊子貴齊，渾時空於一體。
　　老子重聖治，猶未忘權變之機；莊子重神化，已入逍遙
之境。

從這些比較看來，莊子思想也自有其勝場，我們與其說他是
老子的註疏，還不如說他們共同是宇宙至理，人生大道的註
疏。否則我們抬高了老子的地位，卻壓低了莊子的價值。這

完全有失於公平和客觀。

（二）《莊子》是衰世之書

　　有許多學者以為《莊子》是衰世之書，對《莊子》有特殊研究的人都在衰世，固然，我們不否認莊子是興於衰世；但卻不承認《莊子》是一部衰世之書。因為中國思想成於憂患意識，諸子百家都是由救世而起。如果說《莊子》是衰世之書；那麼孔孟墨荀老韓，與莊子同一時代，同一心情，又有那一部不是衰世之書。如果說對《莊子》有研究的人，都在衰世，那麼就以孔孟之學為例，歷代讀孔孟有心得的人，絕不是漢唐盛世那些為朝廷所錄用的註疏家；而是迫於國勢衰替，痛於亡國之恨的兩宋及晚明諸儒。由此可見單稱《莊子》為衰世之書，實在不夠平允。

　　至於我們之所以說它是一種曲解，乃是因為這「衰世之書」四字，暗指著該書為衰世而作，含有出世之想，足以使變亂之人心，一飲而醉。其實莊子所談的問題，都是人類永恆的問題，即使在盛平之世，人心仍然受生死、是非、貴賤、禍福等的困擾。所以《莊子》一書，並非發洩衰世的悲愴情緒，而是醫治人心的衰頹與失望。明瞭到這一層，我們便不至於像魏晉名士一樣，把莊子當作酒精來解愁遣悶了。

（三）莊子是某一論派

　　近人研究莊子常以西洋哲學上的許多論派，加在莊子身上，如懷疑論、進化論、宿命論、虛無論等。其實這都是拿莊子思想中的一二點來比附，就像瞎子捫象一樣，只摸到一

端，而不知全貌。

　　先以懷疑論來說，他們的特色是：「主張正確純粹之知識為不可能建立，所謂以『無有可知』為說者」（吳康《哲學大綱》第三章）。這完全是以一種否定的態度，認為人生沒有正確純粹的真知。雖然莊子也批評一般知識的不可靠，但對於真知卻是肯定的，他曾說：

> 夢飲酒者，旦而哭泣；夢哭泣者，旦而田獵。方其夢也，不知其夢也，夢之中，又占其夢焉，覺而後知其夢也。且有大覺，而後知其大夢也。而愚者自以為覺，竊竊然知之，君乎？牧乎？固哉（註：分君分臣，明貴明賤，實在淺薄啊）！《莊子・齊物論》

從這段話中，可見莊子所推崇的是大知大覺的境界，這與懷疑論的躲在暗無天日的「不可知」中，是大不相同的了。

　　其次，把莊子當作進化論者，這似乎是胡適的傑作。他在「《莊子》書中的生物進化論」一標題下，引證《莊子》的一段話：

> 萬物皆種也（註：此「種」字應解為種子或生元），以不同形相禪，始卒若環，莫得其倫，是為天均。《莊子・寓言》

接著說：

「萬物皆種也，以不同形相禪」，這十一個字竟是一篇物種由來。他說萬物本來是同一類，後來才變成各種「不同形」的物類。卻又並不是一起首就同時變成了各種物類。這些物類都是一代一代的進化出來的，所以說：「以不同形相禪」。（胡適《中國古代哲學史》）

其實莊子是以齊物論的眼光來看宇宙人生的變化。認為萬物都是生元，其所不同的只是在外形上的互相轉變罷了，而且這種轉變是循著圓環的軌跡：「萬物云云，各復其根。」（《莊子‧在宥》）顯然這與進化論的直線發展是大不相同的，更何況進化論是用科學的方法，觀察自然；而莊子卻是以哲學的眼光，欣賞自然。所以把莊子放在進化論中，實是風馬牛不相及的了。

再者，把莊子當作宿命論，這也是一種誤解。因為宿命論者認為：

宇宙間一切事象都有一定，是由上帝或神所支配。非人類所能自主。蓋唯物主義哲學家多傾向宿命論，有極少數唯心主義哲學家也贊成此說。（《哲學大辭典》）

雖然莊子在〈大宗師〉一文的末尾曾借子桑之口說：

天地豈私貧我哉！求其為之者而弗可得也，然而至此極者，命也夫！

這似乎有點宿命論的味道。其實宿命論者身處窮困，相信命中註定窮困，不自振奮；同時對於窮困之苦，雖想自遣，卻並沒有解脫之法。但莊子卻不然，他不像宿命論一樣，以窮困為痛苦，只得委之於命。他乃是根本上不以窮困為痛苦，寧願「曳尾於塗中」，而不願做楚國的宰相。尤其他極力渲染人可昇華為神人，根本不受宿命的限制。所以他的思想不是宿命，而是超命的。

　　最後，把莊子當作虛無論，這也是一般人易犯的誤解，因為莊子曾說：

> 及至聖人，蹩躠（註：跛行貌）為仁，踶跂（註：急行貌）為義，而天下始疑矣！澶漫（註：放縱也）為樂，摘僻（註：煩瑣也）為禮，而天下始分矣！故純樸不殘，孰為犧尊（註：宗廟之祭器），白玉不毀，孰為珪璋（註：玉器也），道德不廢，安取仁義，性情不離，安用禮樂，夫殘樸以為器，工匠之罪也；毀道德以為仁義，聖人之過也。（《莊子・馬蹄》）

這段話顯然是老子「絕聖棄智」、「絕仁棄義」的發揮，在表面上看來，莊子大罵仁義，痛斥禮樂，有點類似西洋所謂的虛無主義，放任政治；但實際上，他只是反對人為，崇尚自然。仍以素樸為依歸，道德為前提；絕不虛無，也不放任。所以拿虛無論來衡量莊子思想，自不免失去了莊子推崇至德至性的真意。

　　前面我們已略舉一般對莊子思想的曲解，而我們之所以

要排除這些曲解，就是為了使莊子不再作老子的附庸，不再被塗上出世的色彩，不再為各種論派所肢解，而還他一個獨立的，熱情的，完整的本來面目。

二、莊子思想的精神

莊子的思想路線固然和老子的一樣，都是追求常道，崇尚自然，遊心恬淡的；但以活動的方面來說，莊子的思想卻比老子的更為遼闊，更為多彩多姿。因為老子所談的，都是冷冰冰的理，「以深為根，以約為紀」（《莊子・天下》），自然比較收歛和凝縮。而莊子所表達的，乃是活潑潑，如大鵬，似野馬般的心，因此不得不「以謬悠之說，荒唐之言，無端崖之辭」（《莊子・天下》），來極盡飛揚高舉之能事。如果我們把老子比作一篇樸實無華，思路嚴密的散文；那麼莊子該是一篇想像豐富，扣人心弦的詩歌了。

現在我們就欣賞一下莊子的這首詩歌吧！

（一）化者，道之體

莊子和老子的思想路線既然相同，那麼他們的道體並無二致，為什麼我們在這裡又以「化」字作為莊子思想的道體呢？這是因為莊子的思想渾然一體，直把人生融入整個宇宙的變化之中，所以用「化」字來寫他的道體，遠比這個「常」字更能得莊子思想跳躍飛揚的一面。

在莊子的眼中，人生是宇宙大化裡的一環。宇宙的變化是無休無止的，而人生的變化卻是有生有滅的，這便是我們

的悲哀，正如他所說：

> 一受其成形，不亡以待盡，與物相刃相靡，其行盡如
> 馳，而莫之能止，不亦悲乎！終身役役，而不見其成
> 功，苶然疲役，而不知其所歸，可不哀邪！人謂之不
> 死奚益，其形化，其心與之然，可不謂大哀乎！（《莊
> 子‧齊物論》）

這個悲哀之所以構成，主要是在於「其形化，其心與之然」。
這也就是說：形體由生至死的變化，本是不得已的；如果我
們的心也隨著形體由生至死而變化，那便是心隨形亡，正是
所謂「哀莫大於心死」了。

可是如何才能面對形體的「行盡如馳」，而使心意超然
呢？這也是在於「其形化，其心與之然」。不過這裡的「其心
與之然」，與前面的解釋不同，而是說我們的心領悟形體的變
化是自然如此的，絕無厭惡悔恨之意。正如莊子描寫的一段
寓言：

> 支離叔與滑介叔（註：兩者皆為寓言中之人物，支離喻
> 忘形，滑介喻妄智），觀於冥伯之丘，崑崙之虛，黃帝
> 之所休，俄而柳（註：即瘤也）生其左肘，其意蹶蹶
> 然惡之。支離叔曰：「子惡之乎？」滑介叔曰：「亡，
> 予何惡。生者假借也，假之而生生者塵垢也。死生為
> 晝夜。且吾與子觀化，而化及我，我又何惡焉。」（《莊
> 子‧至樂》）

這就是說：我們不要在觀看宇宙變化時，讚歎造物的偉大；可是回顧自身的變化時，又怨恨造物的弄人。要了解我們自身的變化，是和宇宙的變化同一呼吸的。唯有從這同一呼吸中，把自身和宇宙渾成了一體，這才是永恆的生命，絕對的道體。而這個具有永恆生命的絕對道體，也就是一種化境。

莊子的這種化境，可以從三方面來透視。

一是自化。他說：

> 物之生也，若驟若馳，無動而不變，無時而不移，何為乎？何不為乎？夫固將自化。（《莊子・秋水》）

這是指宇宙萬物的變動，都是自來自去，自生自滅的；其間並沒有什麼目的，也沒有什麼安排，而是順其自然如此。這就是所謂的自化。由於莊子的化境是即萬物的自化，因此這個道體也是「無乎逃物」、「無所不在」（《莊子・知北遊》）的。

其次是物化。在〈齊物論〉的結尾有一段美麗的描寫：

> 昔者莊周夢為胡蝶，栩栩然胡蝶也，自喻適志與，不知周也。俄然覺，則蘧蘧然周也。不知周之夢為胡蝶與，胡蝶之夢為周與。周與胡蝶，則必有分矣。此之謂物化。（《莊子・齊物論》）

這段描寫，並不是莊子的白日痴夢，而是他思想上的一個重要關鍵。因為前面的「自化」，是寫萬物的自然變化，也即是

對「物自體」的肯定；而這裡的「物化」，卻是打破了「物自體」的鐵壁，使我們的生命在自然變化中昇華，與萬物同化，和宇宙合流。

最後是神化。這是物化後的向上昇華。他在〈逍遙遊〉中曾描寫神人說：

> 藐（註：遠也）姑射（註：神話中之山名）之山，有神人居焉，肌膚若冰雪，綽約若處子，不食五穀，吸風飲露；乘雲氣，御飛龍，而遊乎四海之外，其神凝，使物不疵癘（註：病也），而年穀熟。（《莊子·逍遙遊》）

這雖然是一段寓言，但寓言正有其寓意。這個寓意中所指的神人，乃是和至人、真人一樣，在本質上都是人，只是在境界上已進入了化域。也就是說，在這個時候，人完全精神化，而和道體融合無間。所以在這裡，我們可以看出莊子的化，由自化、物化，而至神化，已把人的有限生命，納入了自然的永恆軌道。達到「天地與我並生（註：共長遠），而萬物與我為一（註：為一體）」的境界。

（二）齊者，道之動

莊子的道之體，徹底打通了物我、人天的間隔，呈現出一片絕對平等的化境；而他的道之動，便像一隻怒飛的大鵬，要掙脫人間的一切差別現象，「絕雲氣，負青天」，直上化境。這一怒飛直上的動力，便是一個「齊」字。

在莊子的眼中，人間的一切差別現象，如生死、是非、成毀、榮辱、禍福等，都是由於我們的偏見執著所形成的，他說：

> 以道觀之，物無貴賤；以物（註：萬物本身）觀之，自貴而相賤（註：以自己為貴，別人為賤），以俗（註：一般人心）觀之，貴賤不在己（註：貴賤是外在的，可以追求），以差觀之，因其所大而大之，則萬物莫不大，因其所小而小之，則萬物莫不小，知天地之為稊米也，知豪末（註：毫毛的尖端）之為丘山也，則差數等矣！以功（註：功用）觀之，因其所有而有之，則萬物莫不有，因其所無而無之，則萬物莫不無，知東西之相反，而不可以相無，則功分定矣，以趣（註：成見）觀之，因其所然而然之，則萬物莫不然，因其所非而非之，則萬物莫不非，知堯桀之自然而相非，則趣操睹矣。（《莊子・秋水》）

這一大段話，把差別現象分析得很清楚，所謂「自其異者視之，肝膽楚越也；自其同者視之，萬物皆一也」（《莊子・德充符》），這異者，就是每個人的不同角度，不同觀點，而這同者，只有一個，就是道。所以萬物儘管形形色色，千差萬別，只要被道的還原鏡一照，便都顯出原形，畢同畢似。

然而這並不是說，道有什麼特殊的功能，可以使萬物畢同畢似；而是萬物的發展，都含有「齊」的因子，所以自然而然的會走上相同的路子。這正如我們每個人的發展，固然

各不相同，但這個發展的因子是從無生而來，又向無生而去，
葉落歸根，人死入土，總是相同。所以道並沒有使萬物齊，
而是萬物自齊。這個自齊的，便是道。

　　萬物固然是自齊的，但我們往往看不到這個自齊的一面。
總是執著於一點，知往而不知返，知異而不知同，因此才有
愛生惡死、喜是厭非、求成避毀、尊榮捨辱、召福除禍等攀
援之心；也就有是非混淆、求生不得、求成反毀、尊榮榮不
至、除禍禍偏來的煩惱與痛苦。為了徹底掙脫這一癥結，所
以莊子要我們好好把握這個道之動──齊。他一再的強調說：

　　　胡不直使彼以死生為一條，以可不可為一貫者，解其
　　　桎梏。（《莊子‧德充符》）
　　　故有儒墨之是非，以是其所非，而非其所是。欲是其
　　　所非，而非其所是，則莫若以明（註：是非兩忘，而照
　　　之於天）。（《莊子‧齊物論》）
　　　其分也，成也；其成也，毀也。凡物無成與毀，復通
　　　為一。（《莊子‧齊物論》）
　　　泉涸，魚相與處於陸，相呴以濕，相濡以沫，不如相
　　　忘於江湖。與其譽堯而非桀，不如兩忘而化其道。（《莊
　　　子‧大宗師》）
　　　動不知所為，行不知所之，身若槁木之枝，而心若死
　　　灰矣。若是者，禍亦不至，福亦不來，禍福無有惡有
　　　人災也。（《莊子‧庚桑楚》）

從以上幾段徵引中，可見莊子對於生死、是非、成毀、榮辱、

禍福等差別現象的態度是，從變中求齊。他所謂一條、一貫，
是齊；莫若以明，所明的是齊；道通為一，所通的是齊；榮
辱兩忘，禍福雙棄，也就是由於齊。所以莊子的思想，是乘
著這個「齊」字，逍遙而遊，直達化境的。

（三）忘者，道之用

　　然而我們究竟要如何以齊去齊人間的不齊呢？問題發展
到這裡，顯然已觸及這個令人煩惱的現實了。不過莊子的手
法是高明的，他並不是用齊，去勉強的齊其不齊，而是拈出
一個「忘」字來，不齊而齊，把整個錯綜複雜的現實，化於
無形。

　　所謂「忘」，並不是閉眼不看，粉飾太平。而是在心性的
修養達到某種程度後，自能洞見「萬物一齊」的道理，這時，
儘管山河大地，歷歷在目；卻不感覺其有何差別，有何障礙。

　　莊子的「忘」，也有三套工夫：

　　一是忘己。忘己並非否定自己的存在，落於虛無空寂，
而是掙脫形骸，摒棄成見，使真正的自我，和大道合流。在
〈應帝王〉中，莊子曾假託顏回的話說：

> 墮肢體，黜聰明，離形去知，同於大通。此謂坐忘。
> （《莊子・應帝王》）

坐忘即是「吾喪我」，即是丟掉這個構成假我的形體和意識，
使真我自現，和道通而為一，以進入宇宙大流。所以忘己而
後自齊，自齊而後自化。

　　其次是忘物。忘物並非否定外物的存在，認為一切都是
觀念意識的作用；而是不因外物影響我們的精神，妨礙我們
的逍遙。莊子曾舉了一則庖丁解牛的故事說：

> 臣之所好者，道也，進乎技矣（註：超過了技術）。始
> 臣之解牛之時，所見無非牛者，三年之後，未嘗見全
> 牛也。方今之時，臣以神遇，而不以目視。官知止
> （註：感官之知覺停止不用）而神欲行，依乎天理，批
> 大卻（註：骨肉之間隙），道大窾（註：骨節之空處），
> 因其固然，技經（註：脈管也）肯綮（註：骨肉相結也）
> 之未嘗，而況大軱（註：大骨也）乎。（《莊子・養生
> 主》）

這段庖丁之言，說明我們在忘己後，就像那把刀刃的無厚，
入於萬物的有間，自然是「恢恢乎，其於遊刃，必有餘地
矣」！這時，所見而非全物，化蝴蝶、化鼠肝、化蟲臂，也自
能隨心所欲了。所以忘物而後物齊，物齊而後物化。
　　最後是忘適。在忘物忘己之後，外無障礙，內無憂患，
便能逍遙自在，無所不適了。但如果著意要忘，一心求適，
反而又多了一種執著。莊子曾說：

> 忘足，履之適也；忘腰，帶之適也；知忘是非，心之
> 適也；不內變（註：內心之欲不起），不外從（註：不
> 為外物所惑），事會之適也；始乎適而未嘗不適者，忘
> 適之適也。（《莊子・達生》）

可見忘到了最後，不僅是忘物、忘己；而且根本上，連這個要「忘」的念頭也忘了，連這個要「適」的感覺也忘了，這才是真正的忘，真正的適。所以忘適，便能不齊而齊，便能進入神化的境界。

綜觀莊子的這套「忘」的工夫，可以說是一種非常高明的處世方法。這種方法，既不同於佛教的解脫，著重持戒；也不同於老子的應變，強調守弱；而是徹底的順乎自然。他曾借一位隱者的口氣說：

> 予何惡？浸假（註：假使）而化予之左臂以為雞，予因以求時夜（註：即晨啼也）；浸假而化予之右臂以為彈，予因以求鴞炙（註：烤小鳩也）；浸假而化予之尻（註：尾脊骨）以為輪，以神為馬，予因以乘之，豈更駕哉？且夫得者時也，失者順也，安時而處順，哀樂不能入也，此古之所謂懸解也（註：解倒懸也）。（《莊子‧大宗師》）

所謂懸解，就是解脫之意。不過莊子的這種解脫，並不是企求任何外在的法，而是在於明白萬物一「齊」之理後，能夠安於外境，與時俱「化」，便自然的不解而解，不脫而脫了。

以上，我們用「化」，寫道之體；用「齊」，寫道之動；用「忘」，寫道之用，只是方便的說法而已。其實以莊子的思想來論，這「化」、「齊」、「忘」三者，本是不可分的。固然是忘而後，就能齊，就能化；但也必須化而後，才能齊，才能忘。如果只把「忘」當作一種方法來追求，而流於後代道

教的寶精行氣，燒鉛煉汞，便完全違背了莊子的精神。

三、禪境與化境

莊子的化境是由自化、物化，而至神化；把人和自然合為一體，所顯露的絕對生命。在〈秋水〉篇中，他曾寫下一段相傳已久的美談：

> 莊子與惠子，遊於濠梁（註：濠水之橋梁）之上。莊子曰：「儵魚出游從容，是魚之樂也。」惠子曰：「子非魚，安知魚之樂？」莊子曰：「子非我，安知我不知魚之樂？」惠子曰：「我非子，固不知子矣；子固非魚也，子之不知魚之樂，全矣！」莊子曰：「請循其本，子曰：『汝安知魚樂』云者，既已知吾知之而問我，我知之濠上也。」（《莊子·秋水》）

這段辯論中，最重要的一句話就是「我知之濠上也」。為什麼莊子在濠上遊得很快樂，便以為魚兒在濠下也游得很快樂呢？這是惠施所不得其解的地方，因為惠施擅長辨析，始終把物我分開。殊不知莊子已入物我一體的境界，他在濠梁上所感覺的快樂，正是得之於魚兒在濠下的悠游自在。魚和莊子的各得其樂，這是自化；莊子因魚之樂而樂，因己之樂而推知魚之樂，這是物化；濠上濠下不分，一片逍遙之樂，這是神化。所以莊子的「我知之濠上也」，完全是一種化境的體悟。

禪學的境界，正是相同於莊子的這種化境。

在禪宗的眼裡，整個宇宙都是生命的流露。山高水低，花紅柳綠，莫不是禪；熱即取涼，寒即向火，無非是道。所以靈雲志勤見桃花而大悟說：

> 三十年來尋劍客（註：即求道也），幾回落葉又抽枝，
> 自從一見桃花後，直到如今更不疑。

香嚴智閑也因拋瓦擊竹，聞聲而入道說：

> 一擊忘所知，更不假修持，動容揚古路（註：一舉一
> 動都是大道），不墮悄然機（註：不落於刻意的冥想），
> 處處無蹤跡，聲色外威儀（註：聲色自然而無威儀），
> 諸方達道者，咸言上上機。

他們見桃花、聞竹聲所悟的，乃是這個「法爾自然」的境界。雖然他們以前也許曾看過無數次的桃花；曾聽過無數次瓦礫擊竹的聲音，但都視作毫無意義的外境，並未因此以悟入。而這一次看到了桃花的鮮美，觸動了靈機，才體認到生命的自然流露；聽到了竹聲的破空，震開了心扉，才體悟到萬籟的本自圓成。

這種自然流露，本自圓成，就是一種自化的境界。

在禪學裡有一句名言，就是「本來面目」。後代的禪宗往往把這「本來面目」直截解作真我，譬如清朝有位湛愚老人在所著《心燈錄》中說：

祖與惠明曰：「汝既為法來，可屏息諸緣，勿生一念，吾為汝說。」要知諸緣不息，亦是我；然此乃生滅之我，非真我也。令其勿生一念，則不生不滅之真我顯矣。因其良久，遂直示之曰：「不思善，不思惡，於此無念之時，即你不生不滅之真我也。」（湛愚老人《心燈錄》卷二）

在這裡，湛愚老人把《六祖壇經》中，「那個是明上座本來面目」，改為「即你不生不滅之真我也」。顯然是為了配合他在整部《心燈錄》中所強調的這個「我」，如他說：

自無始以來，祇有一我，生天生地，生萬物，生佛生眾生，並無物能生此我者，故此我無所從來。既無所從來，則無所去。在古在今，鎮然一我而已，人能一悟此我，則入為恆河沙佛中之一佛，豈不快哉。（湛愚老人《心燈錄》卷三）

這樣一來，不免要走入了唯心論的路子。其實慧能當時的意思是問：「那個是你自家的本來面目？」這是一個問話，並沒有說無念之時，就是真我；而是要惠明在離善捨惡之時，去參什麼是他自己的本來面目。

要參這個本來面目，雖然以禪宗的說法，是直下承當，非常簡便。但事實上，在這頓悟的一剎那間，卻有許多必要的條件。

首先應了解萬物自化的道理，認清萬物各有其本來面目。

所謂「青青翠竹盡是法身，鬱鬱黃花無非般若」，關於這兩句話，慧忠曾有一段精闢的解釋：

> 此蓋普賢文殊（註：釋迦身旁之二佛，普賢主理，文殊主智）境界，非諸凡小而能信受。皆與大乘了義經意合。故《華嚴經》云：佛身充滿於法界，普現一切群生前，隨緣赴感，靡不周而常處，此菩提座。翠竹既不出於法界，豈非法身乎？又《般若經》云：色（註：物也）無邊，故般若亦無邊，黃花既不越於色，豈非般若乎？深遠之言，不省者，難為措意。（《指月錄》卷六）

這簡直等於莊子的「道無所不在」論了。因為禪的精神本是建立在絕對平等的基礎上，物和我都是共一法身，同一般若。所以青青翠竹莫不是禪，鬱鬱黃花無非是道。

後來慧海曾有翻案文章說：

> 法身無象，應翠竹以成形，般若無知，對黃花而顯相。非彼黃花翠竹而有般若法身。故經云：佛真法身，猶如虛空，應物現形，如水中月，黃花若是般若，般若即同無情，翠竹若是法身，翠竹還能應用？（《指月錄》卷六）

慧海這段話，在根本上，與慧忠的並無出入，也認為法身般若無所不在，只是慧忠有點偏重自化，直截的說黃花翠竹即

是般若法身；而慧海有點偏重物化，以為黃花翠竹乃是般若
法身的現形。其實，它們共沐於般若法身的性海之中，正像
波之於水，說它們是水，固然可以；說它們是水之現形，也
並無不可。

至於我們說慧海有點偏於物化，這是因為莊子物化的觀
念乃是指我們忘於道術之後，自可和物共遊而無間隔。同樣
慧海以為外物都是般若法身的現形，那麼我們證入般若法身
後，豈非也可以入黃花翠竹而無障礙。

慧能所謂「本來無一物」，就是基於這種物化的境界。因
為慧能並不是否定物的存在，而是打破物的障礙性和可執性，
把物提昇到般若性海中，所以他說本來無一物，即是說本來
都是般若，並無一物可著。

不過在這裡我們要認清的是，禪學的這種物化，不是以
我去變化萬物，走入唯心論的路子；而是把物和人提昇入性
海中，使他們共化。其實莊子的物化也是如此，雖然是莊子
去夢蝴蝶，但其間還必須透過一個夢境，這個夢境的襯托，
說明了不是莊子可以變蝴蝶，而是在相忘於道術之後，莊子
與蝴蝶可以共遊同化。

這種共遊同化，正是禪的境界。唯有以這種境界為基礎，
才能在自然樸素的畫面上，顯現出我們的本來面目；也才能
擺脫軀殼，證入絕對的生命，使我們神化。

禪學裡的神化，並不是指六通具足，昇天成佛；而是指
無為自然，逍遙於化境。正如義玄所說：

　　真學道人並不取佛，不取菩薩、羅漢，不取三界殊勝，

迴然獨脫，不與物拘。乾坤倒覆，我更不疑。十方
（註：十個方位）諸佛現前，無一念心喜；三塗（註：
火、刀、血等三塗）地獄頓現，無一念心怖。緣何如
此？我見諸佛空相，變即有，不變即無。三界惟心，
萬法惟識，所以夢幻空華，何勞把捉，惟有道流目前
現今聽法底人，入火不燒，入水不溺，入三塗地獄，
如游園觀，入餓鬼畜生，而不受報。緣何如此？無嫌
底法。你若愛聖憎凡，生死海裡沉浮，煩惱由心故有，
無心煩惱何拘，不勞分別取相，自然得道須史。你擬
傍家波波地學得，於三祇劫中終歸生死，不如無事，
向叢林中，床角頭交腳坐。（《指月錄》卷十四）

這種「入火不燒，入水不溺」的境界，並不是神通；而是指
我們在「迴然獨脫，不與物拘」之後，便進入了神化的境界。
這時，心如明鏡，「胡來胡現，漢來漢現」（義存語），內對諸
己，無一法可執；外照萬象，無一物可礙，真個是內外通透，
自在逍遙了。

　　在《景德傳燈錄》中，曾有一段故事：

陸亘大夫向師（普願）道：「肇法師甚奇怪，道萬物同
根，是非一體。」師指庭前牡丹花云：「大夫，時人見
此一株花，如夢相似。」（《景德傳燈錄》卷八）

普願的意思是說：一般人外對萬物，如夢中看花，總是隔著
一層；而一個真正逍遙於化境的禪家，卻是「宴坐水月道場，

修習空華萬行」。與莊子遊濠之樂一樣，直把生命滲入花中，與花一齊舒展，一齊開放，所以見得分明，知得親切。

從以上所述，可見禪道完全是一種「化」的境界，完全是把個體的生命化入了絕對的生命之中。這一絕對生命，即是本來面目，也即是莊子的「天地與我並生，而萬物與我為一」，僧肇的「物我同根，是非一氣」的境界。

四、「忘」字的妙用

莊子入道的工夫在於一個「忘」字；而禪學頓悟的法門也就在於這個「忘」字。

禪學是以「不立文字，教外別傳」為宗旨的；其所以強調「不立」，高唱「別傳」，乃是由於慧能等中國和尚開出了一個頓悟的法門，使得禪宗可以不賴文字，不靠經教，從自心自性中，一超以直入。

這個頓悟法門雖是禪宗所獨創，用來當作與傳統佛學對抗的標誌；但我們如果分析其內容，卻發現和莊子的「忘」字有著密切的關係。

莊子的「忘」，由忘己、忘物，而至忘適。是把整個的心念意識，一齊放卻。但這並不是消極的躲避，而是另有其積極的目標。如〈大宗師〉中曾描寫說：

> 吾猶守而告之，三日，而後能外天下。已外天下矣，
> 吾又守之七日，而後能外物。已外物矣，吾又守之九

日，而後能外生。已外生矣，而後能朝徹（註：徹悟也），朝徹而後能見獨（註：獨者，絕對也）。見獨而後能無古今。無古今而後能入於不死不生。（《莊子‧大宗師》）

莊子這段話中最值得注意的是朝徹和見獨。依據憨山的註解是：

朝，平旦也；徹，朗徹也。謂已外生，則忽然朗悟，如睡夢覺，故曰朝徹。（憨山《莊子內篇註》）

獨，謂悟一真之性，不屬形骸，故曰見獨。（憨山《莊子內篇註》）

朝徹既是「忽然朗悟」，見獨既是「悟一真之性」，這豈不是與禪學的頓悟法門相去不遠了？事實上，正因為相去不遠，所以莊子強調的這個「忘」字，在禪學的運用中，幾乎成了頓悟法門的一把最重要的鑰匙。

關於頓悟法門，神會曾有一段詳盡的描寫：

事須理智兼釋，謂之頓悟。並不由階漸，自然是頓悟義。自心從本已來空寂者，是頓悟。即心無所得者為頓悟。即心是道為頓悟。即心無所住為頓悟。存法悟心，心無所得，是頓悟。知一切法是一切法，為頓悟。聞說空不著空，即不取不空，是頓悟。聞說我，不落（我），即不取無我，是頓悟。不捨生死而入涅槃，是

頓悟。（敦煌出土之《神會語錄》）

神會這段話似有煩雜之嫌。我們之所以引錄於此，是因為在
「不立文字」的禪學中，難得像他這樣不厭其煩的替「頓悟」
兩字下定義。其實他的思想多半承自慧能，如果我們把他這
段話歸納，可以得到三點；而這三點也正是慧能開創頓教的
三根柱石：

（一）自性原清淨

慧能在《壇經》中開頭便告訴大家說：

> 菩提自性，本來清淨，但用此心，直了成佛。（《六祖
> 壇經・自序品》）

這便是頓教的第一聲號角，因為傳統佛學中，常對佛、我、
自性三者的意義混淆不清。總是把自性當作我，把佛看作超
越了自性的另一境界。其實這個「我」，固然都是指形骸或意
識的「我」，但自性卻是在形骸之外，意識之前早已存在的真
我，即是本來面目，也就是佛。所以自性和佛是不可分的。
但每個人都有自性，卻未必都能成佛，這乃是由於被形骸和
意識我所障蔽。因此要證取這個真我以成佛，便必須打破形
骸和意識我，而還歸清淨的自性。這也就是莊子所謂的「吾
喪我」（《莊子・齊物論》）。

喪我即是忘我。禪學的頓悟法門也是由忘我以入道的。
試看希運所說：

> 學道人勿疑四大（註：地水火風）為身。四大無我，我
> 亦無主，故知此身無我亦無主；五陰（註：色、受、
> 想、行、識）無我亦無主，故知此心無我亦無主。六
> 根（註：眼、耳、鼻、舌、身、意）六塵六識和合生滅，
> 亦復如是。十八界既空，一切皆空，唯有本心，蕩然
> 清淨，……佛惟直下頓了自心，本來是佛，無一法可
> 得，無一行可修，此是無上道，此是真如佛。學道之
> 人只怕一念有，即與道隔矣！念念無相，念念無為，
> 即是佛。學道人若欲得成佛，一切佛法總不用學，惟
> 學無求無著，無求則心不生，無著則心不染，不生不
> 染即是佛。（希運〈傳心法要〉）

四大五蘊的無我，這是一般佛學所共認的；唯禪學思想的特
殊，乃是由本心蕩然清淨，以強調「無一行可修」、「一切佛
法總不用學」，而至於認無為、無求即是佛。這一特殊的色
彩，可說是完全得之於忘我的境界；因為唯有忘我，才能無
為無求，才能使此心蕩然清淨。

（二）本來無一物

　　慧能最著名的一首偈子是：

　　　菩提本無樹，明鏡亦非臺，本來無一物，何處惹塵埃？

這首偈子被認作慧能頓悟思想的代表。其中「本來無一物」
句，乃畫龍點睛之筆，不僅是慧能思想的眼目，而且也是整

個禪學思想的眼目。

　　慧能說了這句警語，乃是針對神秀的「時時勤拂拭」而發。他認為身本來就是菩提，心本來就如明鏡，都是不著、不染的。如果不幸而惹了塵埃，這是鏡面的緣故，與明鏡的照用毫無關係。神秀一味在鏡面上拂拭，自然不是見道之言。因為此心是明鏡之體，而非明鏡之面。如果把此心看作鏡面，實無異於先承認了此心有被染著的可能，然後又拼命的去拂拭，這豈不是庸人自擾？即使朝朝勤拂拭，卻仍然是朝朝塵還生，這豈不是徒勞無功？這樣下去，形與影競走，永遠為塵境所困，而無法解脫，所以慧能直說「本來無一物」，以明此心不是物，自然的不染、不著。

　　這種「本來無一物」的思想，對後代禪宗的影響很大。如《景德傳燈錄》中記載：

　　　　大顛問師（希遷）：「古人云：道有道無是二謗，請師除。」師曰：「一物亦無，除個什麼。」（《景德傳燈錄》卷十四）
　　　　（慧海）初至江西參馬祖，祖問曰：「從何處來？」曰：「越州大雲寺來」。祖曰：「來此擬須何事？」曰：「來求佛法」。祖曰：「自家寶藏不顧，拋家散走作什麼？我這裡一物也無，求什麼佛法」。（《景德傳燈錄》卷六）

道一和希遷所說的「一物也無」，顯然是得之於慧能的「本來無一物」。他們的目的都是在於勸告大家不要把佛法當作一物

來追求。如果我們念念不忘佛法，便念念把佛法看成了物。
這樣非但不能解脫物的迷執，而且更平添法的束縛。所以禪
宗為了避免物累，先求心不附物，如良价曾說：

> 夫出家之人，心不附物，是真修行，勞生息死，於悲
> 何有。（《景德傳燈錄》卷十五）

良价這段話和莊子的口氣甚為相似。所謂心不附物，也即是
忘物的意思。忘物而後才能進入「本來無一物」，自由自在，
無滯無礙的境界。

（三）煩惱即菩提

　　前面「自性原清淨」、「本來無一物」兩點，猶只是消極
的破我、物二執；而禪的最大特色，最富有創造精神的一面，
乃是在慧能所說的：

> 煩惱即菩提。（《六祖壇經‧般若品》）

這句話的作用有二。一在「忘」，一在「化」。
　　先看「忘」的一面，如希運所說：

> 虛空與法身無異相，佛與眾生無異相，生死涅槃無異
> 相，煩惱菩提無異相，離一切相即是佛。凡夫取境，
> 道人取心。心境雙忘，乃是真法。忘境猶易，忘心至
> 難，人不敢忘心，是恐落空，無撈摸處，不知空本無

空，唯一真界耳。（希運〈傳心法要〉）

這是要我們心境雙離，煩惱與菩提兼忘。因為一有煩惱與菩提的分別，便是煩惱，便不能證取菩提，所以必須兼忘。這與莊子的是非兩忘正好相同。但莊子在兩忘之後，接著要「化其道」；同樣，禪學在心境雙離之後，更要直入化境。正如性空的一首詩偈：

心法雙忘猶隔妄，色空不二尚餘塵，百鳥不來春又過，不知誰是住庵人。

可見心法雙忘還不夠究竟，直到不露一點神通，連這個「住庵」的真人也忘掉了，才真正進入萬象自如，一塵不染的化境。

這種境界同於莊子的忘適。忘適而後才能無所不適。才能「不譴是非，以與世俗處」。所以禪的真精神不是常求菩提，常住涅槃。相反的，卻是不避煩惱，不離生死。因為離了煩惱便無菩提可證，離了生死便無涅槃可住。所以禪的境界，不僅是入地獄、救眾生；而且在牛糞裡渡夏，尚感覺得其樂無窮。

青原惟信有一次對學僧說：

老僧三十年前未參禪時，見山是山，見水是水。及至後來親見知識，有個入處，見山不是山，見水不是水。而今得個休歇處，依前見山祇是山，見水祇是水。（《指

月錄》卷二十八）

其實山仍然是山，水仍然是水，並無變動。而惟信之所以有
這三種見解，乃是由於悟道有深淺的不同。在未參禪時的「見
山是山，見水是水」，乃是用意識看自己，用肉眼見萬物，因
此不免執於我識，滯於物境，未能內外通透。後來心有所悟
時的「見山不是山，見水不是水」，已接觸到忘境，這時，既
然非山非水，忘了外物，同時也相對的忘了自己。但忘境只
是運用上的過渡境界，不能常住。因為一住於忘，便易落空。
所以真正忘了以後，便必須立刻能化。因此最後的「見山祇
是山，見水祇是水」，乃是在變成真人之後所得的真知。這
時，見山自己就是山，見水自己便是水，不忘而自忘，完全
進入莊子所謂「同於大通」的化境。

　　從以上三點看來，禪學頓悟法門與莊子「忘」的工夫，
實有非常密切的關係。慧忠曾和學生討論過與這相似的問題：

　　　　曰：「如何是一念相應？」師（慧忠）曰：「憶智俱忘，
　　　　即是相應」。曰：「憶智俱忘，誰見諸佛」。師曰：「忘
　　　　即無，無即佛」。曰：「無即言無，何得喚作佛？」師
　　　　曰：「無亦空，佛亦空，故曰：無即佛，佛即無」。（《景
　　　　德傳燈錄》卷二十八）

這裡的「忘即無，無即佛」，正寫出了由忘而知「本來無一
物」，由「本來無一物」而頓悟成佛的過程。所以這個「忘」
字的妙用，可以說是頓悟法門的前奏，是禪學入道的鑰匙。

　　而這個前奏，這把鑰匙，早在禪學發跡前的一千餘年，已被莊子所彈過、所用過。直到一千餘年後的禪宗，才遇到了知音，才以此而打開心扉，唱出了共鳴的心聲。

第八章　禪學與老莊思想的未來

　　前面，我們已從思想的流變和比較上，看過禪學與老莊之間的密切關係。接著，更須看看在這文化動盪，人心激變的今天，禪學與老莊又如何志同道合的，從過去邁向未來。

　　禪學與老莊思想的精神，有兩個重要的關鍵。一是嚮往玄祕，一是歸於自然。這兩個關鍵互相銜接，正像鎖和匙。禪學與老莊思想就是用這把玄祕的鎖，封閉了人們的觀念意識，截斷了人類那種以自我感官為中心的傲慢與偏見，使我們發現在所聞所知之外，尚有美麗的世外桃源。這片桃源並非是一個幻影，而是緊鎖在自己的心中，只要打開這把鎖，便可以享受其中的無盡寶藏了。由於這片桃源是被玄祕的鎖，鎖在心中，因此使我們愈感覺到存在的充實與玄祕，也愈要去探索它。這就是禪學與老莊思想所散發的誘人魔力。

　　但這點玄祕感正像調味品一樣，必須用得適度，過多或過濃了，反而倒盡胃口。一般道教、佛教，及神祕主義就是犯了這個毛病。禪學和老莊卻不然，它們並不是用玄祕的鎖，

鎖斷了我們的一切通路，讓我們落入不可知的深淵。而是交給我們一把自然的鑰匙，去打開玄祕的鎖，使我們如遊子的歸家，看到了自己的本來面目。這時，一切神祕的玄想，又都化為平實而意味深長的體驗。

這種玄祕和自然的色彩，在禪學與老莊思想裡，融洽得非常和諧。例如，老子高推不可道、不可名的玄之又玄，可是玄到了最後，仍然是「見素抱樸」，「道法自然」。莊子高唱「絕雲氣，負青天」，「獨與天地精神往來」，可是往來之後，又回歸「無用之用」，「以與世俗處」。禪學高標「言語道斷，心行處滅」的不可思議境界，可是不思議處，正在於著衣吃飯、拉尿送屎的「平常心」。

這玄祕和自然兩種元素的相互為用，構成了禪學與老莊思想的特殊精神和生命力。如果偏於一面，過分強調玄祕或自然，便會使其精神變質，生命力減退。試看老莊思想發展到後來的一變於黃老政術，再變於方士神仙，三變於玄學清談；禪學演變到後來的一流於棒喝的狂禪，再流於空疏的口頭禪，三流於知解的文字禪，這都是由於沒有把握住玄祕和自然的鑰匙。不是失之太玄，便是失之過淺。

禪學與老莊思想的興起，本是為了針砭人們沉溺於意識幻覺上的神祕，和感官本能上的自然；可是禪學與老莊思想的被人誤解和誤用，也正是由於後人不知對症下藥，偏偏以最不自然的方法去追求神祕，或以最無神祕感的方法去揭露自然。結果是淺之又淺，以至於完全和禪與老莊背道而馳。

這一背道而馳，不只是對於禪和老莊的誤解和誤用，而是構成了今日世界文化上的整個危機。

今日世界文化上的危機，乃是在於神祕感的消失，和一切反乎自然。這並不是說人們不再追求神祕，推崇自然。相反的，他們卻是到處探索神祕，高唱自然。可是他們所謂的神祕，只是意識上的幻影；所謂的自然，只是本能上的活動。這種幻影使我們迷失，這種活動使我們麻木。今日世界的文化，便是處此危境。

固然每個時代都有它的黑暗面，和光明面；但今日的文化，無論在宗教、哲學、文藝，以及一般生活上所表現的，不是有過多的迷惘和頹廢，便是過分的傲慢和偏見。

以宗教來說，它對於西方人，簡直是精神上的唯一食糧。在十九世紀以前，可以說整個西方文化是靠宗教的支持，才能穩定，才能綿延。可是曾幾何時，科學帶著望遠鏡、顯微鏡，侵入了宗教的領域，使一般人的信仰發生動搖。本來宗教的神祕境界不是科學所能置喙的。可是今日一般從事宗教，和信仰宗教的人，沒有深入這種境界，因此被科學一沖擊，便把握不住，以至於驚惶失措。宗教之所以收拾不住人心，主要是由於神祕感的消失。因為宗教賴以維繫人心者，是需要一套神祕的力量；可是經過現代科學的洗禮後，人們不免對這套神祕的力量產生懷疑。而一般從事宗教的人深怕科學去抄他們的窩，又故意把宗教的大本營——上帝，用拙劣的方法描述得極度的神奇，以為愈神奇，則科學愈無法觸及。殊不知愈神奇，愈失去了神祕的力量。因為神奇是外加的，而神祕是內心的。上帝必須不離人生，才有其誘人的力量。否則只是空洞的冥想而已。宗教如果不能很超然的去表明它和科學是「道不同，不相為謀」的，而偏要想盡方法去和科

學捉迷藏，那便顯示了它們的黔驢技窮了。今日的宗教，便是作著這樣無可奈何的掙扎。

　　以哲學來說，它本是一切學術的源頭，人類性靈的活泉。可是從十九世紀開始，科學篡了它的位，使它的光榮成為陳跡，使它的身價一落千丈。今天，西方哲學也不再高跨一世，擁有世界精神。相反的，多攀龍附鳳於科學，以圖自存。中國哲學雖則早已深入人心，成為傳家立國的精神，但自科學的洋槍大炮動搖了中國傳統文化的當時，也動搖了中國的哲學。我們檢討哲學在今天之所以失勢，主要原因也不外於神祕感的消失。因為哲學，無論在偏重知識的西方，或偏重人生的中國，都以形而上的境界為根本。形而上的不可思議處正像花蕊的芳香一樣，散發著誘人的神祕魔力，令我們陶醉，引我們追尋。要是沒有這點魔力，我們又如何受得住西方哲學那種枯燥的觀念遊戲，能像柏拉圖一樣視作「高尚的娛樂」；我們又如何承擔得了中國哲學那種嚴肅的道統使命，能像莊子一樣可以「浮遊乎道德」。總之哲學雖不切實用，而還有它不可抗拒的吸引力，便是在於這點神祕感。這點神祕感，不是幻像錯覺，而是性靈的要求，形而上的理想。對被現實所窒息的人們，這是一根通天的出氣筒。今天，哲學之所以被人遺棄，打入冷宮，就是由於太暴露了自己。不像一位高僧，遠居深山，燃著一點性靈之火，讓人們嚮往；而像一位十字街頭的傳教士，亂發傳單，亂拉行人。令人覺得哲學也和市儈一樣的庸俗不堪。今天的哲學，就是陷入了這塊泥坑，而不能自拔。

　　以文藝來說，它本是人類的情感，經過了千錘百鍊，所

昇華成的美。這種美，雖然表現於被創造者，但實際上，卻是真情的流露。無論是一首詩，或一幅畫，它的美，不在字裡行間，不在畫紙之上，而是在於心的共鳴，在於和萬物同化。當一位文學家，或藝術家，提著筆正要神聖地一劃時，就像初戀者的手第一次觸及對方似的，感覺到通體沸騰著一股熱流，是最神祕的，也是最真實的。這就是一切創作的活泉。人類幾千年來，雖然飽經憂患，仍能甘之如飴，也就是有得於此。今天，我們所遭遇的，並不比歷史上最黑暗的時期更為惡劣，但我們所感覺的卻比任何一個時代的人更為痛苦。這是為了什麼？這固然是由於我們在宗教和哲學上找不到神聖的寄託，把遭遇化為火光；甚至於在最親切的文學和藝術上，也找不到出氣筒，使我們的憂患得到適度的發洩，試看今天在文壇和藝壇上所表現的，都是些令人沮喪的頹唐和絕望。無論是象徵派或現代派，它們也並非毫無道理的東西，因為它們都有一個共同的目的，就是擺脫傳統，超越時流，去追求一個更神祕的境界。可是它們在未達到神祕境界之前，先把方法神祕化了，這無異自布迷宮，截斷了通往神祕之路。因為真正的神祕感是在心中，這樣才能像吃橄欖一樣，愈嚼愈有味。如果把神祕寄託於方法，那最多只是江湖上的賣藝者，耍耍手法而已。事實上，中國古代詩人、畫家手下的淡淡幾筆，遠比今天那些滿紙夢囈，不知所云的現代作品更為神祕。所以今天文學和藝術失去了活力，也就是由於它們在方法上的故弄玄虛，而失去了誘人的神祕感。

以一般生活來說，現代人雖然掙脫了沉悶的傳統束縛，但卻為工業社會的機械所窒息，而掉入了離心的休脫狀態。

因此他們不得不拼命的求新奇、找刺激。從表面上看，他們似乎在探取神祕，夢想著火箭的直征太空，潛艇的搜盡海底，但那只是向外追尋，並不能解決內心的苦悶。在他們走出了實驗室後，仍然要步入這個混亂的社會，回到這個不夠溫暖的家。這時，他們也許會靜下來想一想：我在那裡？我在為誰而忙？可是機械生活的輪子飛也似的轉動，不容許他們繼續去求解答，明天繁忙工作的鞭子已在那裡抽動，使他們只能在殘喘下，尋取暫時的滿足。於是他們走進了娛樂場所，在那裡，他們沉迷於假相的神祕，牌桌上的每一張牌都有神祕的刺激，舞臺上脫衣舞孃的每一扭動都有神祕的誘惑。玩聲色、玩犬馬，固然如此，而高級一點的，玩股票、玩政治、玩愛情，也莫不如此。總之，他們所醉心的神祕，只是官能上的滿足。他們探取神祕的方式是暴露，而愈暴露，也就愈不神祕。這正同被火箭蹂躪了的月球，脫得一絲不掛的舞孃，再也沒有那種值得永遠回味，咀嚼不盡的神祕感。所以今天一般生活之所以苦悶、消沉，原因就在於過分的暴露。老子曾說：「五色令人目盲，五音令人耳聾，五味令人口爽，馳騁畋獵令人心發狂，難得之貨令人行妨」（《老子》十二章）。這種性的暴露，欲的暴露，正是這個時代之所以失落，所以痛苦。

從以上各方面的檢討，可以看出今日的問題所在，就在於我們未能體法自然，遊心玄祕。由於未能體法自然，因此縱情聲色，捨本逐末；由於未能遊心玄祕，因此拘於形骸，理趣淺薄。這也就是今日世界文化危機的病痛所在；要針砭這種病痛，最有效的良藥，便是使禪與老莊思想注入人心。

　　然而究竟要如何注入？這不像什麼主義似的，可以靠演講宣傳，經濟援助，或其他人為的方式來推動。因為這是一種內在的體悟，當人心被外物窒息得透不過氣來時，自然會很迫切的需要它。英國羅素對老莊思想的極度讚美，日本鈴木大拙所談的禪在美國受到普遍的推崇，這都說明了西方人士已有此認識，西方社會已有此需要。不過問題是在於他們的了解畢竟有限，因為禪與老莊在發源地的中國已有許多歧路，更何況對於喜歡新奇的西方人，更何況經過了韓國與日本人的輾轉介紹？當然我們不應故步自封，也許禪與老莊和西方文化接觸後，將被磨得更為光亮，也許經過韓國和日本人加入了一些異國的色彩，會顯得更豐滿，更有精神。但那只有寄託於未來。以過去和目前的情形來論，距這個理想尚很遙遠，所以今後禪和老莊必須更進一步的結合，帶著自然和玄祕的兩件法寶，邁向一個新的世界，去解現代人的飢渴，以救人類文化的危機。

生命的學問

牟宗三／著

哲學大家牟宗三先生學貫中西，融會佛儒，開闢出獨霸一方的哲學體系。本書收集了他的閑散文章，與您分享人生的意義、哲學的智慧。對於生命有所困惑的讀者們，本書能提供您不同的思考方向，正如書名《生命的學問》所揭示的：能夠使我們參省自己的人生，沉澱出自己的學問，體會生命真正的價值所在。